用心，
與孩子對話

用「好奇心」提問
用「接納心」傾聽
用「祝福心」回應

How to Talk so Kids will Listen?

宋慧慈 著

Contents

推薦文

前言

推薦序

對話是出於愛心，止於造就生命

馮仁厚
群仁管理顧問股份有限公司總經理
前中華民國激勵協進會理事長

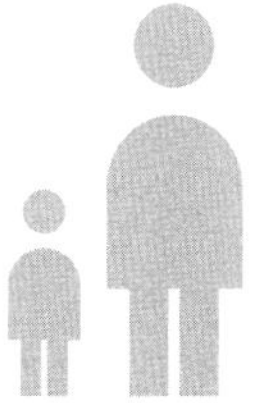

每次聽超過三十年的老朋友慧慈老師談到「四層次提問」教學或分享的時候，總是見她眉飛色舞、熱力四射的散發出獨特的生命力。然後，不是愛現的秀出「又是一次成功的教學（分享）」，就是興奮的說不完「我又有新的發現、新的發明」。彷彿在「提問式對話」的教學上，慧慈老師永遠有源源不絕的創新與創意。

在這本書，慧慈老師用很多不同形式的教學設計，來展現她在教學生涯中，所做的「四層次對話」的應用。從詳實的對話記錄中，不只可以看見完整的對話教學之提問設計，還可以從每一個對話的過程，感受到由滿滿的愛心所交織起來的感動。難怪，慧慈老師會樂此不疲、一生無悔的愛上教學。

正如慧慈老師自己所說的，這本書是為「提問、傾聽、回應」再學習的書。她很用心的設計，讓每一個實際的教學案例，不僅是「四層次提問」方法的實務應用，更充分體現了「對話精神」的核心：用「好奇心」提問，用「接納心」傾聽，用「祝福心」回應。這樣的對話過程，更是「生命教育」的真實展現：「不是給他答案，而是給他——永遠可以透過好的問題，尋求他自己的答案！」讓每個小孩，甚至大人（老師）也一樣，透過提問所啟發的對話交流之中，得到對自己生命景況的覺醒，而展現出自己讓人歎為觀止的生命力。

我自己也跟隨陳怡安老師學習到「四層次提問」，迄今已超過三十年了，它已然是我生命中很重要的部分。不僅我在企業經營的工作上，或是在顧問輔導、訓練的工作上，「對話精神」與「四層次提問」都是我鋪陳工作展開與教學設計的核心精神與方法。透過慧慈老師的關係，也有滿長的一段時間參與學校教育，與學校老師們一起面對教改所帶來的衝擊，共同研習「生命教育」的方法與實務應用。

在這些經歷中，我深深的發現，老師教學目的並不只是傳授「知識」，更重要的是啟發「智慧」，也就是「應用知識」與「解決問題」的能力。唯有習得「智慧」，每個人才能實現自己所設定的目標與完成自己的人生理想。然而，「智慧」卻很難直接傳授，只能啟發學習。因此，學會以「四層次對話」來啟發自己與他人學習「智慧」，就是幫助自己與他人實現人生理想的關鍵之一。對老師、對學生、甚至對每個人，也都如是。

換句話說，唯有真實的「對話關係」，真心誠意、設身處地的營造正向關係，讓自己與對方回歸當下、當局的掌握各自的主動權，做出自主的決定，人才能學習與成長。「對話出於愛心，止於造就生命」，就是「四層次提問」最核心的精神與態度。也唯有如此，方法才會有效。慧慈老師的這本書，充分的展現了這樣的對話精神，是想要對人產生真實幫助的人，不能錯過的好書。

推薦序

有效提問與對話的魅力

張正芬
國立臺灣師範大學特教系退休教授

閱讀完這本「四層次提問」的書，彷彿看到聰慧、開朗又帶點促狹味道的慧慈老師在教室中帶領討論的場景，台下一雙雙充滿期盼的眼與一顆顆急切想分享的心，隨著老師的提問逐步提升了現場參與的熱度，活絡了場域的氛圍，「有效提問」的魅力暈染開來，模糊了聽者的年齡、性別、教育程度、種族、文化等界限，大家頓時打開了藩籬，產生了共鳴、有了共識，最後開開心心、帶著自我期許與躍躍欲試的心離開會場。一場「有效的教學」，不，應該說是「有效的溝通」課程圓滿結束！

教學是一門藝術，提問更是一門藝術，教與學，廣義的說，是每個人終生的課題。很多時候，大家都喜歡扮演人師：父母教孩子、老師教學生，資深者教資淺者、擅長

者教不擅長者、內行者教外行者等。從終生學習的觀點，每個人都依不同的時空交替扮演著「教」與「學」的角色，但串聯著「教」與「學」的互動溝通，尤其是提問，卻常常決定二者之間的關係，與由關係所衍生的結果。對話式教學，無疑地，能在尊重與接納對方的情況下，產生良性互動，進而正向啟發雙方。

四層次的提問，透過層次一「記憶性」問題、層次二「感受性」問題、層次三「詮釋性」問題與層次四「實踐性」的問題，由具體有跡可循的點切入，逐步擴展到自身經驗、經由內化再產生行動，實踐於日常生活中。慧慈老師為了要闡述這四個層次的提問，舉了許多親身的例子，例子的場域遍及台灣、緬甸弄曼沙彌學院、非洲史瓦帝尼ACC史瓦院區，每一個例子的對話歷程都鮮明活潑，如開視窗般的映進眼簾，讓讀者可以心領神會的學到這四個有層次的提問方式及得到有深度的教學回響。

我特別喜歡「酸鹼中和」的例子，慧慈老師以Judy姐姐用自己的尿尿塗在被蜜蜂叮咬的例子教導小二學生「酸鹼中和」的概念；用幾粒維他命發泡錠，善巧引導史瓦帝尼ACC學校中，聒噪不休、聲音沙啞卻想當演員的大女孩改善她的行為……這些例子真是充分回應了用「好奇心」提問，用「接納心」傾聽，用「祝福心」回應的本書副標題。

我是屆齡退休甫年餘的教授，是許多老師的老師，也是太太、媽媽、婆婆，近年更升格當了奶奶。我很高興地趁著為慧慈老師寫序的這時刻，還能重新省思自以為已經很上手的提問法，學習更用心去傾聽各種不同的有聲、無聲的話語；我更欣賞慧慈老師說的「對話教學不是方法，其實更是一個態度」，是的，態度與態度背後的接納、尊重、肯定、同理與關懷，才是讓方法得以有效的原因！

推薦序

把愛傳出去

許芳榮
中華民國激勵協進會理事長
逢甲大學資訊工程系教授

慧慈，是中華民國激勵協進會的前任理事長。認識慧慈，是在我們共同的恩師陳怡安老師的課堂裡，已經有三十年了吧。尤記得在課堂上，慧慈與陳老師對話的那一幕，至今我一直無法忘懷。當時慧慈有許多的迷惘與困惑，恨不得在課堂上得到所有的解答，對話持續了一段時間，在最後陳老師問道：「這是幾歲的人會說的話？」，慧慈回答：「三歲」。陳老師的提問彷彿暮鼓晨鐘，開啟了後續自覺與反思的深度對話。

當時很震撼，深深感受到陳老師對於學生濃厚的愛，也對慧慈能夠有勇氣自我暴露感到十分的敬佩。而陳老師能夠在課堂上與學生展開深度的生命對話，那時我只感到十分精彩，卻不知道其中的奧祕。後來我跟著陳怡安老師學習，陸續見證了慧慈在傳承陳老師的精神與心法的實踐，慢慢才理解當時陳老師與慧慈的對話，就是慧慈這本書所揭櫫的：提問、傾聽、接納、回應四部曲。而慧慈在這本書裡所分享的許多案例，其實跟三十年前她所親身經歷、陳怡安老師親自示範的一模一樣。

在那之後，每次見到慧慈，總會聽她分享應用對話精神於小朋友身上的喜悅。先是在力行國小，後來舉家「移民」到宜蘭後，更是轟轟烈烈地針對當時九年一貫的教改，做了許多老師、家長的培育課程及訓練。從台北到宜蘭，馬來西亞與緬甸也有足跡，後來更遠到了非洲，她的人生真是沒有極限。而這本書正是慧慈最新的見證分享。裡面包含了許多經典的案例，每個對話讀起來都津津有味，無論是教學的應用、品格教育，或是關係的建立，都令人印象深刻。讀到慧慈在宜蘭達文西幼兒園帶領小朋友從一張非洲小朋友鞋子的照片來學習「感恩的心」這個主題，就令我想起小學時每周都會有一則「中心德目」。當時常常抄抄寫寫這些中心德目，也無法體會其中的意涵，彷彿跟自己不相干。然而讀了慧慈的案例分享，我終於了解其實幼兒園小朋友也能真正用心體會感恩的意涵，老師只要方法得當，透過提問、傾聽、接納、回應四部曲，也能在孩子的心靈種下感恩的種子。當時機來臨，那種子就會生根發芽。

慧慈是天生的行動派，作為對話精神的推動者，她在許多演講的場合，都是直接示範「如何在一群初次見面的小朋友面前帶領對話」，對於講者來說，這真是莫大的挑戰。慧慈的對話精神在教育現場、在班級經營都有很好的成績。演講時，通常演講者只要講講理論，放幾張投影片，其實時間很快就會過去，而慧慈偏偏選擇了親自示範的挑戰，也因為這樣，造就了她千錘百鍊的帶領經驗。書裡有許多案例是她在公開演講時與現場的對話，讀來非常有臨場感。對於這些案例，我建議讀者可以不要一口氣讀完，先試試看預想一下您會如何接續後面的對話，這樣您會更切實地感受到慧慈帶領對話時，令人拍案叫絕的神來之筆。

*

善行有三種，第三等善行，帶給人的幫助是短暫的，例如布施食物，吃飽了，過了幾個小時還是會餓，所以是短暫的幫助。第二等善行，帶給人的益處則是長期的，例如醫師治好了疾病，或是幫助別人有正確的觀念，這都是長期的幫助。第一等善行，能夠讓他人見賢思齊，願意幫助更多人，讓這個善行能夠不斷地產生善的影響力。今天，慧慈在書中分享許多用心與孩子的對話，她對孩子所做的、所帶給孩子的益處是長遠的。她今日願意把她的經驗寫成書，分享出來，讓更多的家長、老師或是任何有心人也可以跟她一樣來與孩子對話，對社會所產生的益處，則是第一等的善行。

陳怡安恩師對我來說就像父親一樣，我從他身上獲益良多，午夜夢迴時常思考如何報答師恩。今日見同為陳老師弟子的慧慈把她這幾年踐行陳老師在她身上所做的也一模一樣做在孩子身上，更著書讓這份愛能夠傳出去，這或許就是弟子對老師最深的報答吧！慧慈所做的帶給我很好的啟發。如果您願意細細閱讀，相信您也能感受到書裡面濃濃的愛，以及那份願意把愛傳出去的感動；相信您也會想要試試看用心與孩子對話，屆時這份愛，就能源源不斷地傳遞出去，並能共創美好和諧的生命共同體。

推薦序

好奇的問，接納的聽，祝福的應——你也可以當個用心與孩子對話的「聖者」

林曜聖
國立臺北教育大學副教授

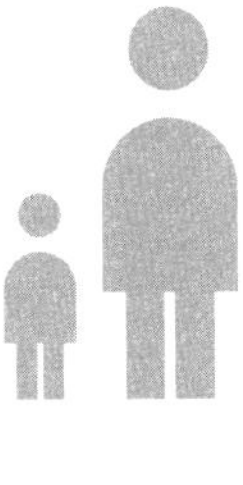

我與慧慈老師的結緣

我的大學四年，只參加「康樂研習社」一個社團，就在那時認識了華沛學長，進而認識我們稱為「沛嫂」或「學姊」的慧慈老師，記得我們一群同學還曾到他們新店的家坐坐。

畢業後隨著工作的轉換，雖然我回到母校工作，但不常回到社團，也沒有常跟學長姐聯繫。直到後來我上了楊田林老師的講師培訓課程，經常從老師及同修的口中聽到陳怡安老師、激勵協進會、意識會談法等，有時也會聽到「宋慧慈」老師的名字，讓我連結起大學的時光與記憶。

那時，慧慈老師剛出版《啟動孩子思考的引擎》一書，趕緊買來拜讀，佩服慧慈老師將「四層次提問」在學校課堂運用得如此精妙。我試著在臉書加慧慈老師好友，心想應該先禮貌性的自我介紹，沒想到還沒開始自我介紹，慧慈老師就同意加我。我想不管慧慈老師是否還記得我這個小學弟，我還是應該要先主動介紹自己，因此透過臉書訊息進行簡單自介，沒想到慧慈老師秒回：「我知道你是誰！」簡單的一句話將相隔十幾年的時間串聯在一起。

陸續關注慧慈老師的臉書發文，從緬甸到非洲，深深被慧慈老師所描述的教學故事所感動。記得有次我在一篇老師的非洲教學經驗文下留言：「學姐，這些故事整理後可以再出一本書」，慧慈老師回說：「那你要幫我寫序喔！」就因為這樣的機緣，有了這一篇推薦序。

聖者：提問與回應之「口」＋傾聽之「耳」＋「王」者之心

在翻閱這本書的過程中，有一個詞一直出現在我的腦海中，那就是「聖者」（或許因為我的名字中有「聖」，我特別喜歡這個字！）「聖」這個字拆開來是「耳」「口」及「王」。當老師及家長在與孩子對話時，若能以「口」提問及回應，以「耳」傾聽，再加上善用如「王者」般的好奇心、接納心與祝福心，來豐富師生及親子間的對話，好奇的提問、接納的聆聽，以及祝福的回應，則老師及父母都可以發揮「聖者」的精神，為孩子搭建學習與成長的舞台。

這本書裡的故事，我們可以看到許多「聖者」的圖像，不論是慧慈老師本身、或是「小鄭」故事中的神父，或者是書中所記錄的許多良師，在他們的身上都可以看到「聖者」憫人的精神。閱讀這本書，透過「有效的問」「接納的聽」「到位的應」，引導孩子思考，你也可以成為孩子的貴人。

如果你是老師，你一定要看這本書，因為……

書中一則則動人的「對話」，一篇篇感人的「故事」，整本書就像是一本班級經營祕笈，也像是一本教育理念的實踐寶典，身為學校教師，你應該能從這些對話與故事中獲得啟發。

或許學校老師心中可能會這麼想：趕進度都來不及，怎麼有時間對話？對話的效果有那麼好嗎？在這本書中，慧慈老師將提問與對話的技巧，巧妙地融入在故事及案例中，提供具體的步驟與方法，透過「有層次」的提問，教師能夠「引導」與「啟發」，讓學生自己發現答案，而這樣的對話不僅可以發生在課堂之外，同樣可以發生在教學的過程之中。

用心對話，不只是適用於學校老師與學生的對話，書中所提的「提問」「傾聽」

與「回應」的「對話」精神，應也適用於企業講師或是企業內部講師的教學。對於孩子我們都能站在「引導」的精神，帶領孩子自己找到答案，對於接受企業培訓的成人而言，不也更應發揮如此之精神。

如果你是家長，你一定要看這本書，因為……

身為一位家長，你和孩子「對話」的機會應該遠多於老師對學生，你和孩子「對話」的必要性，也應該遠大於老師對學生，可見，「親子對話」的頻率與重要性不亞於「師生對話」。

但是，「親子對話」的難度也同樣不亞於「師生對話」。我們經常聽到家長反應他們不知道孩子在想什麼，也常會聽到孩子們抱怨父母不懂他們。若你也有這樣的困擾，閱讀這本書，你應該能從這些精彩的故事中，找到了解孩子、相信孩子，鼓勵孩子的具體做法。

如果你關心教育，你也可以看這本書，因為……

若你現在不是學校老師、企業講師，也不是家長，但你很關心教育的議題，或者你對國際教育志工的議題有興趣，這本書也值得你來閱讀。

在本書中，慧慈老師分享她在台灣、緬甸，以及非洲三地的教學與教育服務的故事，經由這些實際的對話例子與師生互動的故事，讀者可以更加清楚「四層次提問」的意涵與應用方法。

書中所提的「四層次提問」與「對話」，讓我想起4F（fact,feel,find,future）策略及ORID（焦點討論法），這其中有許多類似的精神與作法。台灣、緬甸以及非洲的孩子，儘管彼此的文化、經濟、環境與生活條件不同，但慧慈老師善用「有效的問」「接納的聽」與「到位的應」，在這些背景不同的孩子身上，同樣地創造出令人動容的生命故事。

如果你想增進自己的對話能力，你也可以看這本書，因為……

雖然書中所提的「對話」與「提問」的案例，多半是「成人」與「孩子」間的對話，但這些理念與精神，其實並非只能運用在與孩子的對話上，在與任何人對話時同樣適用，因為「好奇的提問」能拉近你和他人的距離，「接納的傾聽」能真切了解他人的內心，而「祝福的回應」則能夠讓他人感受到你的溫暖。因此，閱讀這本書，試著做做看，你的對話能力應該能有所提升。

此外，書中所提的用心對話，除了可以運用在與他人的對話上，也同樣可以透過這樣的精神與方法來「和自己對話」。從「自我提問」開始，真誠的「自我回答」，達到「自我對話」。這或許是更「進階」的層次——但，是可以努力的目標。

如果你也想要寫一本書，你一定要看這本書，因為……

寫書其實也是一種「對話」，是作者與內容的對話、是作者與讀者的對話，也是作者與自己的對話。慧慈老師就是這樣透過寫書，來與書中的主角、讀者，以及她自己對話。

閱讀這本書，除了「提問」與「對話」技巧與方法的主學習，還可以學到要培養用心對話態度的輔學習，還可以學習如何撰寫一本書的副學習，真是一舉多得。

如果你要我簡單的歸納這是一本怎樣的書，我想用以下這幾句話來描述這本書：

這是一本「**對話錄**」，因為裡面充滿真實且真誠的對話。
這是一本「**圖像書**」，因為裡面充滿讀起來有畫面的故事。
這是一本「**佛心書**」，因為裡面充滿歡喜與慈悲的佛心。
這是一本「**聖者之書**」，因為裡面充滿智慧與聖者之言。
這是一本「**生命故事書**」，因為裡面充滿生命故事的感動。

推薦序

教育——大愛、神聖之使命

柯雅玲
史瓦帝尼阿彌陀佛關懷中心院長

年初，回任史瓦帝尼ACC院長一職，首要任務就是將教育全面落實。因為發起人慧禮法師說道：「非洲需要的，第一是教育，第二是教育，第三仍然是教育。」

在非洲，教育是成就孩子唯一的出路，藉著翻書來翻身，更能改變個人命運，甚至是國家發展的關鍵所在。奈何，遠處於亞洲的人士很難感受到這份急迫需求的渴望，往往聽到「非洲」二字，自然退避三舍，也是一般人的常態反應，更遑論駐錫非洲擔任教化育人的挑戰了。

儘管如此，深信人間處處有溫情，就在二〇一八年底，史瓦帝尼ACC接獲了宋慧慈老師的發心申請，自願請纓擔任中文老師，從此ACC附設的圓通學校，慢慢開展出另類教育模式的全新風貌。

阿彌陀佛關懷中心（Amitofo Care Centre，簡稱ACC），是由發起人——慧禮法師所創辦的國際非營利組織，也是非洲第一座佛教孤兒院。目前，在非洲七個國家都能看到ACC的足跡，一步一腳印，縱使步履維艱，依然為孤兒打造一片溫暖的家園，讓每位來到ACC的院童，拼湊出更完整的童年生活與生命故事。

所有在ACC教學的老師，必須面對來自不同國界、人種、文化、語言的孩童，首先，如何引導孩子們學習中文，便是一項大考驗和課程。當我看到宋老師的自傳，獲知她是特殊教育的專業老師時，心中的喜悅油然而生，深深覺得，能夠符合孩子們所需的灌溉經營者，非宋老師莫屬了！

果不其然，不負眾望，宋老師生動活潑的教學方式，不僅提高了孩子們的學習動力，在生活化、循序漸進地引導之下，徹底實踐了因材施教和善巧方便的理念。眼見孩子們一步步向自己挑戰成功，跨越了學習中文的障礙和喜悅，不禁對宋老師豎起大拇指，喊個「讚」。

對宋老師的欣賞，除了她教學經驗豐富之外，還有她不藏私、毫無保留地提供出來，給予大家盡量吸收和運用。俗語說，江湖一點訣，而宋老師就是把這個訣竅，完全知無不言、言無不盡的祕密武器，無限奉獻的良師。尤其，宋老師常以三種心——「好奇心」「接納心」「祝福心」，回饋給所有老師與院童，在他們之間建立起良好的溝通渠道，令我再三敬佩。

這一路走來，宋老師對孩子們的用心、愛與堅持，儘管在她身體不適之際，卻依舊不畏病痛，且遠渡重洋地來到非洲，為每一位院童——即將被命運所淘汰的小生命，犧牲付出；同時，也讓這些在非洲失去父母依怙的孩子，建立自我認同，看到未來的一線希望。

世間殘缺，本不完美。然而，這份愛和慈悲的延續，卻無遠弗屆。相信，遠在地球這一端的非洲史瓦帝尼，也在無形當中轉變了未來的命運，同時展開了璀璨的、新的一頁！

榮幸受邀，誠摯地為宋老師的新書《用心，與孩子對話》寫上推薦序，除了衷心獻上祝福，也希望此書成為幫助更多人與孩子們互動的橋樑，良好教育的典範。

衷心地向您致意，說聲：「感恩，有您真好」！

推薦序

孩子不是大人思考的復刻版

王意中
王意中心理治療所所長
臨床心理師

有時，我們不喜歡孩子提問。有時，我們對於自己所擁有的想法，太過於自信與自滿，總是期待孩子照單全收，不容質疑，照著去做。當我們不斷地傳遞標準答案給孩子，久而久之，孩子也順理成章，不假思索，單方面接受大人的說法，少了獨立的思考，成為大人思考的復刻版。

許多時候，我們總覺得與孩子對話是一件很容易的事，但往往到後來，卻發現彼此總是停留在很淺的溝通狀態，或是一句話，就句點結束了。甚至於，到後來淪為無話可說，彼此的關係愈來愈疏遠。

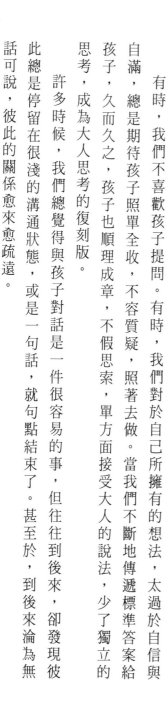

在《用心，與孩子對話》這本書裡，宋慧慈老師提點了一個非常重要的概念，「提問」比「給答案」更重要。書中的四層次提問，不僅僅是讓父母以及老師練習如何問問題，關鍵也在於讓孩子學會如何針對問題，去思考，去提問，而不只是被動等待大人給予答案。特別是，當我們運用了四層次提問，讓彼此對生活周遭人事物的脈絡，有了更周延與更全面的了解與掌握，同時也反映了彼此的關心，而讓關係維繫更緊密。

當然，與孩子對話，如果只是停留在概念的層次裡打轉，那麼對於許多父母與老師們來說，也不知道該如何進行，而愈加挫折，而懼於對話。《用心，與孩子對話》最難能可貴的地方，便在於宋慧慈老師將自己長久以來所累積的扎實教學經驗，鉅細靡遺地、詳列了許許多多對話的範例，讓我們在閱讀中，有所遵循。

隨著使用的字眼，語句的表達方式，說話的口吻，提問的技巧，脈絡清晰，條理分明。讓我們在與孩子的溝通過程中，換一種對話的方式，或重新調整對話內容，讓提問的方式更加有層次，讓對話更加有深度，才能讓彼此的關係，進入更深層的相互了解。

前言

這一本《用心，與孩子對話》，我把它設定為二〇一四年《啟動孩子思考的引擎》的進階本。

關於如何善用「四層次提問」來啟動孩子思考的引擎，讓孩子喜歡思考，喜歡閱讀，我在「啟動」一書中，有基礎的介紹；我也在該書中，分享我為什麼強力勸請老師和家長都要相信「提問比給答案更重要」的緣由，而且借用許多教學實例，印證了「提問有層次，對話有深度」。

至於我在書上感恩啟蒙我學習這套對話教學寶典的恩師陳怡安教授，卻在「啟動」第一場新書發表會前三十分鐘，拔管離世了。

接到恩師已經在蘇州放下塵緣的簡訊，我歇斯底里地淚流滿面，對著上天怒吼：「為什麼要匆匆帶走鼓勵我寫出這本書的貴人？」「為什麼不讓我的恩師看完我的第一場『四層次提問』對話教學示範？」那一刻，我幾乎找不到上台示範這個教學法的意義與動力。

十分鐘後，我驚覺到「作為陳老師多年的弟子，沒有抱怨無常的權利」，於是我擦乾眼淚，在上台前，對著虛空向恩師承諾：「老師，請您放心去修行，我會把跟您學習的這套對話方法，傳承給想要讓學生愛上學的教育界伙伴們。」

因此，名為「百場謝師恩」的一個宏願，督促著我隨時隨地踐行恩師的對話精神：「以對方為中心」的與人為善。

五年來，我時刻想著如何推動這麼一個利人利己的對話方法。就在每一場的示範教學中，我蓄積了許多的對話能量，也提升了許多老師改變教學習慣的意願，更啟發許多家長明白「怎麼問，孩子願意說；怎麼說，孩子願意聽」的自省動能——因此，有了這本書。

在「百場謝師恩」的遊走講學中，我總會回顧「啟動」一書的推薦人對這套教學法的看重，我可以很驕傲的向恩師邀功：我有把您的對話精神活用出來唷！

國立臺灣師範大學名譽教授吳武典老師說：

對話（dialogue）是人與人互動的基礎，生活中處處可見對話。人類從對話中分享情感、建立關係、傳遞思想，進而形成生命共同體。對話記錄許多古老哲學與宗教的發展：西洋哲學史上柏拉圖的《對話錄》，中國儒家核心思想的《論語》，基督教的《新約聖經》，佛教的大部分經典（如《金剛經》）等，莫不以對話的方式呈現師生之間一問一答的生命智慧。教育現場如能以對話作為學習的基礎，在有效提問下激發學生深度思考，教與學必定能展現多元豐富的面貌。

台東大學教育學院曾世杰院長說他很意外地發現「對話教學」與心理治療的相似之處。曾院長說：

韓愈的「傳道、授業、解惑」，把教師的角色綁死在單向的知識傳授，學生是被動的；禮記裡的撞鐘說，又把學習的主動權，完全變成交在學生方，老師是被動的。在對話教學法裡，師、生都可能是主動方，但老師位階顯然高於學生，老師透過專業的言詞的互動，幫助學生達成他自己不能達成的目標、看見他原來看不見的風景。

資深廣播人陶曉清老師說：

教育是百年樹人的神聖工作，多麼希望能有更多的老師信奉對話式教學，從小給孩子們培養出每個人都可以不一樣的信念，不論如何都能互相尊重與接納，那時讀書上學會更充滿期待與喜悅，社會也一定會更多元。

人間佛教讀書會執行長覺培法師說：

透過與學生的對話，拉近了彼此的了解。透過有效的提問，開展一連串發人省思的語言，自然也就啟動孩子思考的引擎。提問者的智慧與慈悲，善巧與方便，就讓孩子在問答中，展開對生命的熱情；透過對話，激發思考的交流道，是雙向而不是單方面；是一種不斷開拓認知與思維的過程，使孩子看到更廣闊的藍天，也看到了承載萬物的大地。這種教育，不是強加灌溉養分，而是透過思考、反省、聆聽，打開了孩子眼耳鼻舌身意的世界。

「讀書會帶領人」培訓講師方隆彰說：

「思考」在學習過程扮演關鍵的角色，它能將別人的知識、經驗轉化為自己的內涵，因此，學習若無思考的過程，就如同閱讀只有強記，也僅是將他人的東西複印而已。人本來是喜歡學習，也會思考的，只是傳統的教育著重標準答案的記憶，讓人懶得思考，甚至不敢思考，因此，面對一群已習慣被餵食、被答案制約的學生，如何喚起本具的能力與興趣？

全家盟執行長謝國清說：

「給一條魚，不如給一支釣竿，並且教他會釣魚」，雖然大家對這句話從小就耳熟能詳，然而這卻是件不容易實踐的概念，特別是當老師碰到學生時，傳統「傳道、授業、解惑」的教師形象，逐漸僵化為填鴨式的教育，而讓多數孩子成天讀書與考試，以致於學校常成為許多孩子想逃離的地方。事實上，「思考」本就應如引擎被轉動般的源源不絕，而非上課時才具有思考能力，另一方面，透過「對話」讓彼此的思想相互撞擊，則是訓練思考的有效途徑。

宇寧身心診所院長吳佑佑醫師說：

身為臨床醫師，我常自問「診斷」對家長及老師在教育及教養上的意義是什麼？宋老師回答了我這個問題：為師者在與孩子相處時，均能以開放討論的方式進行，完全接受孩子可能有的困難、相信孩子的能力，有教無類的帶領著自己面對到的每一個孩子。

心理治療師王意中老師說：

在從事兒童青少年心理諮商與治療的過程中，經常發現有些孩子總是苦於心裡話不知道向誰說、不知道說什麼、不知道怎麼說，到後來乾脆就索性選擇不說。而這不說，也造就了一群不喜歡思考、不願意思考，甚至於到後來也難以思考的孩子。當家中，父母總是要求著孩子，而孩子則常對父母索求著。當班上，老師總是自顧自地拋出知識，而孩子卻依然不為所動。我想，可以預期，在如此缺乏交流與共鳴的雪球滾動下，日積月累之後，孩子的思考將被鎖卡，無法正常啟動或視動腦思考為畏途。

意中老師說：「活用四層次提問的有效教學」，對於孩子的思考鎖卡有著迷人的解碼功效。原來，透過意識會談的四層次對話教學方式，讓看似熄火休眠的引擎，再度讓人聽見那股熱情的轉動聲音，將欣喜遇見孩子的思考重新啟動。

《用心，與孩子對話》，是一本對「提問、傾聽、回應」再學習（relearn）的書：用「好奇心」提問，用「接納心」傾聽，用「祝福心」回應。本書內容也連結到台灣正夯的教改議題「一〇八課綱精神」的落實，期待老師的課程規劃都能「以學習者為中心」，透由「有效對話」，教師們的教學習慣，能從過去「教師教什麼，學生就學什麼」轉變為「學生想學什麼，教師就教什麼」的靈活教學。

本書共有四個篇章。第一章，藉由〈一雙破舊鞋〉的故事對話，示範如何「問對問題」，以激發感恩心，再強調「提問比給答案重要」的真諦。第二章，以一場「四層次提問」的對話實錄，深度學習「為什麼提問要有層次」「四層次提問是哪四層次」「如何設計四層次提問」。第三章是應用篇，先後包含「校園的師生對話」「與緬甸沙彌對話」「與非洲孩童對話」「主題教學的對話示範」「如何引導孩子讀經典」，每一章節都是實際發生的教學故事。第四章是讓對話技巧更精進的問答篇。

西方哲學家蘇格拉底說：「沒有經過反思的生命，找不到意義。」教育的目的，在於希望學習者能找到學習的意義與價值，所以，教師必須藉由愉快的對話，引領學習者與教材發生關係。

當每一位師長都「用心，與孩子對話」，台灣教育就能呈現「學生愛上學，老師愛教學」的歡樂境界。

「提問」比「給答案」更重要

無所不在的對話關係

人的一生，隨時都在與自己對話，與他人對話，更與無常對話。只要能啟動思考的引擎，讓彼此（和自己、和他人、和無常）有信賴關係，就有對話的機會。

心理學上再三強調：我們不可能改變任何一個人，除非他自己願意改變。能讓對方願意改變的重要法寶，就是建立信賴的對話關係。想建立「信賴」的對話關係，要修練的是「有效的問」「接納的聽」「到位的應」。進一步說，就是：用「好奇心」提問，用「接納心」傾聽，用「祝福心」回應。

有效的問，要問對方「能夠」回答、「願意」回答的問題。能夠回答，是因為對方有能力回答，所以提問者要充分了解對方的能力基礎和經驗背景；願意回答，是因為對方信賴提問者，所以提問者要經營「安全」的氛圍，讓對方敢說。

接納的聽，不帶著「預設立場」的聽，不是選擇性的聽，是一種負責任的聽，不敷衍、不虛假。給對方和自己充裕的時間和空間來聽，不只聽到，也要聽懂，更要聽入心。

到位的應，要徹底叫喚出自己「感同身受」的覺知來回應。不是重複對方的說詞，而是要先整理重點，再精要的說出我們聽到的內容摘要，讓對方明白我們「懂他」。是榮耀對方，而不是炫耀自己，以一份期盼事情會更圓滿的祝福心來回應。不給建議，把最終的決定權，輕鬆地交給對方。

雖然，影響對話是否順暢的重要因素在「社會語言」，但，能讓對話加深加廣的關鍵因素，卻不能忽略「肢體語言」和「情緒語言」。

如果，我們真的在乎一段對話關係，就值得好好修練「用三心來對話」的溝通素養。

「提問」比「給答案」更重要

請記住：**要「問對」問題。因為問對問題，理想的答案就會接踵而至**。

說一個我二〇一九年在非洲 ACC（Amitofo Care Center，阿彌陀佛關懷中心）當中文老師的故事：

一個星期二，我被孤兒院院長召喚去介紹：「**有效提問，要如何提前準備？**」

我想起兩週前的星期六，院長在經歷一場院區天乾物燥的起火事件後，疲憊地主持了高中大孩子對於「自辦中秋晚會」的檢討。當時坐在台下看著滿臉倦容的院長，硬撐著跟大孩子會談，我的心中有一些不忍。趁著這場星期二的談話，我本著希望ACC更上一層樓的出發點，對院長說：

一定是您累了！所以當時您問「覺得今年的中秋晚會好不好？有沒有比去年好？」我認為院長您挖了一個坑，讓自己掉進坑裡。所有的孩子，會記在心上的，大部分是不滿足的。如果您的提問可以轉化為「先帶起感恩的心」，氛圍必定不同！

院長要我舉例可以怎麼問？我示範如下：

「上一週的中秋節晚會，你想要感謝誰？」當有五、六個孩子的發言是從感恩起頭，之後整個會場的氣氛就會轉化為感恩；第二個提問：「如果明年還是讓你們自己辦這樣的中秋節晚會，哪些事情是要繼續保留的？」會場的氣氛，依舊從正面的思考帶領起；最後的提問，才是：「你們都長大了，可以判斷明年的中秋晚會應該要有哪些改進？」這個時候提出來的意見，才不會落於只是憤怒和批評。

最後院長也同意「真的要問對問題啊！」

「說教」無法啟動「感恩的心」

有一天，我在非洲史瓦帝尼的ACC院區拍到一雙破到不行的鞋，上傳到臉書。我那當下想跟讀者分享的是：「鞋子的主人行走自如喔！」讓我對非洲ACC孩子的適應能力，佩服多過心疼。

分享後，引起很多的愛心回響。且有許多朋友說他（們）要拿這張照片給小孩看，想要激發孩子的感恩心。害我好擔心是不是會有朋友一把照片拿給孩子看，就說：

「你看你多幸福啊！」

「你去數一數你有幾雙鞋。」

「來看看這個孩子有多可憐啊！」

「你要懂得感恩啦！」

大家要認知：「感恩的心」絕對不會始於「說教」的。

有道是：「提問有層次，對話有深度。」希望「激發孩子感恩心」，可以試著用「提問式對話」，尤其是「四層次提問」。

層次一：

以一張稍微破舊的鞋的照片問孩子：你看到了什麼？

（孩子可能會說一雙鞋、不同的襪子、鞋子破掉了……）

層次二：

問：猜穿這雙鞋的人是誰？（孩子會有很多天馬行空的猜測）

再問：為什麼這個主人不換一雙鞋子呢？（林林總總的答案都OK！）

接著問：如果讓你穿這樣的鞋子外出，你會有什麼樣的心情？（答案沒有對錯）

最後問：穿這雙鞋，生活上會遇到什麼樣的不方便？

層次三：

1、你會想要送一雙鞋給這個主人嗎？

2、要怎麼樣送鞋給這個主人？

層次四：

1、你有沒有什麼話想對這個主人說？

2、對於自己不必穿這樣的鞋子，會想要感謝誰呢？

3、要怎麼感謝？

其實設計問題不難，只要記得「用三心，與孩子對話」：用「好奇心」來提問；用「接納心」來傾聽，用「祝福心」來回應。就有機會點燃孩子懂得感恩的「心動」，並化為「行動」。而要踐行的信念是：提問比給答案更重要！

五歲幼兒被啟動的「感恩心」

以下是我與宜蘭縣私立達文西幼兒園大班幼兒，就這雙非洲鞋所進行的對話教學節錄：

宋：宋老師帶了一雙鞋來給你們看，你們看到了沒有？

生：有，我看到了，我先看到這破掉了。

宋：你什麼時候看過這一雙鞋？

生：我一進來就看過了。

宋：剛剛一進來就看過了，代表你很好奇這個環境，對不對？

生：我也有。

宋：還有誰也看到？

生：我剛才沒看到。

宋：剛剛沒看到，現在看到了沒有？

生：看到了。

宋：你看，這一雙鞋……

生：破掉了。

宋：破掉了，這雙鞋還……

生：很舊。
宋：很舊，還有……
生：也有掉漆。
宋：那個漆都已經掉到都不見了。還有呢？他有舉手，好棒。
生：還有灰塵。
生：而且很髒。
宋：很髒，代表他有沒有常常在洗？
生：沒有。
宋：為什麼他不洗？來，我們猜猜看他為什麼不洗。
生：因為他就是常常不洗。
宋：他就不愛洗，所以就變成這樣子。
生：因為那個已經很舊，他已經不穿了，是想說沒有穿，他洗也沒有用。
宋：你已經把那個未來都講很清楚了，反正已經很舊了，就不要洗了。對嗎？
生：而且不喜歡髒髒，他喜歡，他喜歡髒髒的，我剛才不小心弄錯了。
宋：對不起，我替你說對不起，不小心說錯，你那麼快就知道自己說錯了，真棒。
　　你的意思是說，他就喜歡髒髒，還是不喜歡髒髒？
生：喜歡。
宋：他這個人本來就喜歡髒髒的。還有誰是像他說的，也喜歡穿髒髒鞋子的，我看……

宋：沒有人喜歡髒髒的呀，那這個人好奇怪，他喜歡穿髒髒鞋子。

生：因為如果洗的話，沒有乾，穿上去，襪子就會濕掉。

宋：所以乾脆不要洗了，對不對？就不會讓那襪子濕掉，還有沒有其他原因？

生：穿另外的鞋子。

宋：你好像講到一個很關鍵的，如果怕溼了，不乾，那乾脆拿去曬，然後穿另外一雙鞋，對不對？**讓你猜，他有沒有第二雙鞋**？有沒有？

生：有，本來就有一雙，一定總共會買這麼多雙。他一定有第二雙鞋的，第二天就兩雙，第三天就三雙。

宋：這麼多雙呀！

生：對！這麼多雙。

宋：你認為每一個人都會有第二雙鞋，是不是？

生：一定啊！

宋：我來調查好了。你跟這個鞋的主人一樣，只有一雙鞋的，舉手。你只有一雙鞋，兩個，你有兩雙鞋的，你有比兩雙鞋還多的舉手。

生：我是三雙鞋。

宋：好，手放下。

生：我是三雙。
生：我一雙。
宋：好，就像他說的，如果怕洗了不乾，那就穿第二雙鞋，對不對？可是這一個人只有一雙鞋。
生：所以他不會洗。
生：去買呀！
宋：嗯，去買。他為什麼不去買呢？
生：因為他沒有錢。
宋：答對了。
生：鞋子又沒有錢。
宋：什麼意思？
生：買鞋子要錢。
宋：買鞋子要不要錢？
生：要，一雙這麼多。
生：買東西都要錢。
宋：因為這個主人沒有錢，所以他就沒有去買第二雙鞋。
生：可是他為什麼有這一雙鞋子？
宋：他如果沒有錢的話，怎麼會有這一雙，是不是？那再猜，他既然沒有錢，他為什麼有這一雙？
生：人家送的。
宋：第一個是人家送的，還有什麼原因？
生：人家給的。
宋：人家給的，跟送的，有什麼不一樣？
生：一樣。
宋：人家送的，或人家給的，是送新的，還是送舊的？
生：送新的。
宋：你認為是送新的給他，然後，因為他只有一雙鞋，所以就一直穿一直穿，穿到這樣，也沒辦法洗，漆也掉了，最後都破了，很舊很舊，很髒很髒了。對不對？
生：對。
宋：你們真棒，他只有一雙鞋。好，他沒有錢去買，這是人家給他的。
生：我有一件借人家。
宋：可以去跟人家借的意思，是不是？借鞋子，可以去跟人家借鞋子來穿。我現在問問這裡的小朋友，如果你跟那個小朋友一樣，全家人都有好多好多鞋，你願不願意借鞋子給這個主人穿？願意的舉手～手放下。
生：我不知道他的腳。

宋：不知道他的腳多大，是嗎？
生：對。SIZE 啊。
宋：連 SIZE 都搞不清楚了，對不對？
生：對，搞不清楚。
生：要問大人才知道。
宋：跟他們兩個一樣棒。你們剛剛講的，我又不知道我的鞋他能不能穿，SIZE 也不對。
生：就是這個人他穿鞋子，可能到最後他寄給你的時候，也會像這雙鞋子把它穿壞。
宋：所以要不要借他？
生：不要。
宋：真的，萬一他也把我的鞋穿壞了，這下怎麼辦？
生：賠錢。
宋：叫他賠錢，他連買鞋子的錢都沒有啊。怎麼賠？
生：自己去賺錢。
宋：叫他自己去賺錢。
生：如果，如果別人給的，可以再買一個再給他。
宋：你真是慷慨，握握手，空中握握手。來，換你說。

生：但是如果你把他的鞋穿破了，那你就要叫他把鞋子修好。

宋：所以給他一個機會，不要說我都不給他，先跟他說你不要穿壞，萬一穿壞了就修，對不對？

宋：可是我們回來看這雙，你想有辦法修嗎？

生：沒有。

宋：為什麼沒辦法修了？

生：用一個線，穿針來縫起來。

宋：你認為他還可以縫嗎？

生：不行，鞋子很硬。

生：因為我們要硬硬的線。

宋：他們很會修自己的鞋，真的是用硬硬的線，粗粗的針這樣子縫，真的，可是這一雙，這要怎麼縫呀？

生：沒辦法。

宋：真的沒辦法了，為什麼沒辦法，你可以多說一點嗎？為什麼已經沒辦法縫了？

生：因為那個鞋子破掉了，硬硬的就沒辦法。

宋：這雙鞋破得太厲害了，不能穿了，對不對？下一張照片，你看，我請鞋子的主人讓我拍他。

生：他怎麼是這樣子！

宋：怎麼樣，你發現了什麼？

生：他鞋子壞掉了啦。

宋：這一雙，是不是就是剛剛那一雙？

生：對。

宋：多了什麼？

生：破洞。

宋：破洞，有一隻腳，有一雙腳有沒有看到？

生：有破洞了，然後他的腳就跑出來了。

宋：對，腳真的會跑出來。

生：破洞之後，他很像超級裂縫，會破得越大洞。

生：如果他破了更大洞，就沒辦法穿。

宋：對，完全沒辦法穿。

生：都沒有鞋子，要跟人家借，我可以借他。

宋：你怎麼這麼大方，空中握手。

宋：**現在我要告訴你們他的故事。在講這一個故事的主人以前，我先讓你猜，這一雙鞋的主人，你們猜他幾歲了**？……他十二歲。他的爸爸媽媽都去世了。所以他在比你們還小的時候，就沒有爸爸媽媽了，他就一直住在你們現在看到的這個房子裡，這裡叫做孤兒院，有沒有聽過？

生：就是很多小朋友的地方。

宋：很多小朋友，而且那些小朋友都是……

生：爸爸媽媽去世了。

宋：是的，所以沒有人照顧他們，不可以講他爸爸媽媽不愛他，因為他爸爸媽媽已經去世了，沒有辦法再愛他了，所以他住在這裡。他自己真的沒有錢可以去買鞋子，這個鞋子就像你們剛剛說的，有人送給他的，家裡有好多雙鞋子的，就把自己的鞋子跟他分享。可是他只有這一雙，他穿很久很久了，也只有這一雙，這就是他的故事。

宋：**現在我想問你，如果你有機會，讓你來幫助這一些沒有爸爸媽媽的孤兒的話，你可以做什麼事情來幫助他們**？

生：我做的東西送給他，就叫做大愛心。

宋：跟他分享，對不對？

生：把錢捐給他。

宋：直接讓他決定要買什麼鞋子，很棒，還有？

生：把鞋子捐給他。

宋：反正我有那麼多雙，就送他，很棒。

生：我有錢，才能買東西給他。

宋：所以，要開始學習存錢，對不對？

生：我有存錢。

宋：捐錢給他，還有……

生：玩具送他。

宋：好棒，除了捐錢，我也可以送玩具給他，我做的東西也可以跟他分享，反正我鞋子太多了，我就送給他，這樣，對不對？

生：對。

宋：我剛剛聽到還有要送給他餅乾。

生：糖果、餅乾。

宋：就是分享，OK。

生：也可以教他讀書那些。

宋：太棒了。

生：也可以教他考試。

宋：就是幫助他，除了身體長高長高，頭腦裡面也可以變～

生：聰明。

生：也可以教他怎麼煮飯。

宋：然後讓他學會自己照顧自己。

生：就是他可以買一個，我們的愛心。
宋：捐愛心，對不對？捐什麼叫做捐愛心？
生：錢。
宋：除了錢以外，還有什麼的？
生：捐一個愛心紙張，或者是愛心的音樂盒。
宋：幫助他有機會可以聽到音樂聲，還有，剛剛好像有人舉手。
生：就是那個可以教他讀書。
宋：太棒了，這個還沒有人講過的。
生：可以送他襪子。
宋：他需要。
生：還有就是有些孤兒，他們生病的時候，你們頭髮長的，可以把頭髮剪掉一些，然後做成假髮給他們戴。
宋：很棒，好，還有，剛剛還有誰舉手？
生：這樣子人家就不會以為他是沒有頭髮，是光頭的。
宋：他就不會被人家笑了，對不對？
生：對，不然人家會笑他。
宋：笑說你長得跟我們不一樣。
生：我可以送擦子。

宋：有人教他讀書，有人教他考試，當然要有筆。擦子也需要。
生：就是如果你很有錢的話，你可以帶他去買他喜歡的鞋子。
宋：乾脆讓他自己選。
生：可以教他洗頭。
宋：對，衛生很重要。
生：如果他沒有洗頭的話，頭會臭臭的，人家會不喜歡。
宋：對，他的頭臭臭，就交不到好朋友。
生：就是家裡有很多很多鉛筆的話，跟很多擦子的話，可以給他。
宋：文具都送給他，對不對？
生：然後如果他牙齒痛的話，可以帶他去看醫生。
宋：很棒，來，**宋老師把剛剛你們這麼棒的愛心整理一下**。還記不記得你講的？沒有鞋子，我就把我的鞋子跟他分享。然後，如果家裡有玩具，我也跟他一起玩。我有餅乾，也跟他分享。除了讓他身體可以長高高，吃的之外，我還教他讀書、教他考試。要讀書，要考試，當然要送給他……
生：筆。
宋：他可能會生病，所以我要教他怎麼照顧自己，要學會洗澡，洗頭。萬一牙齒壞掉，我還帶他去看醫生，對不對？誰可以告訴我，今天介紹這一個十二歲的哥哥，他住在那裡？

生：孤兒院。

宋：對，那個孤兒院不在我們台灣，那個孤兒院在非洲。

生：非洲的人都很可憐，他們吃的東西裡面都沒有肉，只有那些土，而且他們那邊有一些壞的阿兵哥會欺負他們，或打他們，罵他們，那個水都是髒的。

宋：你們剛剛講的，我要送給他鞋子，我要送給他衣服，我要教他讀書，我要帶他去看牙齒，我要教他洗頭，像你現在五歲跟六歲，要做這些事情，你自己的錢可以做得到嗎？你剛剛講的那些是誰給你的錢，你才可以買文具送他，你才可以買鞋子送他，是誰給你的錢。

生：爸爸媽媽。

宋：最主要是我們的爸爸媽媽給我們錢。

生：我自己有錢。

宋：你自己也有存錢，OK。我現在要問的是誰可以告訴我，你今天回家以後，你會跟你爸爸媽媽說，你想要做一個什麼樣的孩子？你會想要跟你爸爸媽媽說，爸爸媽媽，今天有一個宋老師來讓我們看非洲一個哥哥穿一雙破鞋，那我決定從今天開始，我想要做一件什麼事？

生：就是給他大愛心。

宋：那個大愛心就是什麼？

生：就是他破爛舊的東西，幫他換新的。
宋：給他一個新的，不一樣的東西，對不對？好，還有。
生：就是有些可憐的人，他們不能讀書，我可以去教他們。
宋：你還可以邀請他到你家裡來，實際有一些行動，對不對？
生：還有就是如果覺得沒有營養的，你可以帶一些水果給他吃。
宋：**你在家裡要做一個什麼樣的孩子**？這個哥哥沒有爸爸媽媽，沒有錢買新鞋子，跟這個哥哥比起來，我們是比較……
生：幸福。
宋：對！我們是比較幸福的。
生：比較快樂的。
宋：比較幸福也比較快樂，那我們要做一個什麼樣的孩子，來感謝我們今天有這樣的幸福。我們有這樣的快樂，我不要再怎麼樣……
生：做一個乖寶寶，不要再做壞事了。
宋：好，不要做哪些壞事，就是幸福、快樂的。
生：如果爸爸媽媽很累，可以幫他按摩。
宋：這樣叫做乖寶寶，讓我們更幸福，更快樂。
生：不要兇人。

宋：很棒，因為我們既然這麼幸福，我們就要對待別人更好一點。
生：如果兇人，有些人他們可能很可憐，被你兇，他們會覺得心裡很難過，然後這哥哥就會很害怕說，原來，原來我們這些幸福的人這麼兇。
宋：好棒，不要帶給人家不舒服的感覺。
宋：我們今天是這麼幸福，這麼快樂的人，我們要對別人更 NICE，更溫和，更友善，要讓人家覺得，你是幸福的人，對不對？好，誰可以答應宋老師，說從今天開始我要做一個乖寶寶，不要對人家很兇，誰可以做到。
生：我～～
宋：好棒。
生：我可以幫忙做家事。
宋：讓那個幸福更幸福，對不對？好棒。如果還有機會，宋老師再來放很多這些孤兒哥哥，他們怎麼讀書，他們很認真，他們在非洲，不講我們台灣的話，但是他們也學得很好，宋老師再來講他們的故事給你們聽，好不好？
生：好～～

與小學二年級孩子談「感恩」

一樣是「非洲破鞋」，一樣是提問教學，一樣激發孩子的感恩心。這場教學的對象是台北市文山區力行國小二年級的學生。

宋：我們來看螢幕。你看到了什麼？

生：「一雙鞋子」「一雙破掉的鞋子」「一雙還很破的鞋子」「看起來像是有人把鞋子捐到國外」「穿不下的鞋，還好有人把它縫回去」「破掉的時候，可以拿針縫一縫」。

宋：你們現在穿的鞋子，是破的嗎？

生：破了，就買新的啊！

宋：為什麼不可能穿破的？

生：「很丟臉」「破鞋子不能保護腳趾頭。」「我發現我鞋破了，趕快把它縫起來。」「爸媽看我們穿破鞋子，會受傷。」

宋：爸媽不會讓我們穿破鞋，因為會受傷，穿破鞋還會被人嘲笑，會很丟臉，還有悲傷。如果穿這樣鞋出來會被嘲笑，被嘲笑的心情會怎樣？

生：「心很痛」「還有難過」「在角落哭哭」

宋：那讓你看這雙鞋的主人，好不好？剛剛聽到有人說非洲人，說破破爛爛就是非洲人。台灣會不會有破破爛爛的人？所以不一定非洲人就是破破爛爛。宋老師教他們讀中文，這是五年級的哥哥，他就是穿這雙鞋子。剛剛有人說，如果穿這樣的鞋出去會被嘲笑。

生：在非洲不會被笑，因為他們都穿這樣的。

宋：穿這樣的鞋出去會被笑，你認為不會被笑的舉手。認為會被笑的人，說說看誰會笑他？

生：「笑人家的，就是沒有尊重他的。」「沒有羞恥心，才會笑人家。」「他的同學就會笑他。」

宋：不會被笑的，說為什麼？

生：因為有可能大部分都穿破爛的。

宋：所以大家認為這是正常的。

生：有些穿破爛的，心情難過，有些已經被贈送到有新鞋的。

宋：那這孩子為什麼不去拿新鞋子？

生：因為他很珍惜這雙破鞋。

宋：意思是這雙還可以穿，所以主人沒有去拿新鞋。如果不珍惜，他就去搶新鞋，這樣會很浪費。

生：「因為他很喜歡那個破鞋，也很感謝送他鞋子的人，也捨不得丟掉。」「他還怕被一大堆人擠，還會被踩到。有新鞋子的時候，就會跑出一大堆人去搶。」

宋：第一、他珍惜，所以他不會去浪費；第二、你講到他很怕去人很多的地方，也許會被踩死，太恐怖了；還有一件特別好，他很感謝送給他那雙鞋子的人，他不想浪費。

宋：**剛剛有人說，家裡有很多雙鞋，不會穿這樣的鞋來上學**。跟這個非洲的五年級哥哥比起來，他只有這一雙鞋，因為只有一雙，所以穿到破掉，他都沒有第二雙可以換。**我這樣問好了，你跟這個哥哥一樣只有一雙鞋的舉手**。

生：我之前只有一雙，現在爸媽幫我買很多鞋。因為爸媽怕我腳受傷，我那雙鞋子穿太久，所以買了新鞋。

宋：這個哥哥為什麼鞋穿破了，爸媽沒有幫他買？

生：沒有錢。

宋：誰沒有錢？

生：「他的爸爸沒有錢。」「非洲那裡沒有賣鞋。」「他們家很窮。」

宋：對的，這個哥哥的爸媽已經過世了。宋老師去教中文的地方就是孤兒院，沒有爸媽的小孩去住的地方。這個哥哥現在住的地方有兩百多個孤兒，還有比你們更小的三、四歲的，因為他們的爸媽都不能繼續照顧他們了。他們的父母過世了，還有一些是爸媽沒有錢養他們。

宋：**我現在要問一個很難的問題。你們跟這個哥哥比起來，有什麼不一樣**？

生：「比較幸福」「比較有錢」「比較多資源」。

宋：意思是當我們需要幫忙時，有很多資源來幫助我們，可以買比較多東西。也許我們可以做什麼事情幫助他們。

生：「捐鞋」「不可以破的，要新的鞋。」「可以捐還可以用的東西，就像是衣服、褲子、襪子。」

宋：很棒，你們知道我們是很幸福的，知道我們是很有資源的，還講到兩個很棒的行動，開始準備送他東西，送鞋子要用盒子裝起來，還可以送有用的東西。

宋：**更難的問題來囉！這是四年級的問題，看看你們會不會回答**？非洲真的好遠喔！從離開我家，到看到那小孩子，要二十九個小時。很遠很遠。因為太遠，我們不能馬上準備東西送過去。但我們可不可以回來想我們自己？我們跟非洲小孩比起來，我們是很幸福的。**我們怎麼珍惜我們的幸福？我要做一個什**

麼樣的孩子，叫做「我在珍惜我的幸福」。

生：「不要浪費，今天回家就記得還能用的繼續用。」「我要做一個懂事的孩子。」

宋：怎麼樣的孩子叫做懂事？

生：「聽話」「做家事」「我不要做不應該做的事情。」

宋：最後一個問題，是五年級的問題。誰今天回家就會跟爸媽說這一雙鞋的故事，你會自己跟爸媽說，我跟那個鞋的主人比起來我很幸福，所以從今天開始我就要怎樣怎樣？除了剛剛說的不要浪費，要珍惜之外，還有什麼？

生：「當我做錯事情，爸媽會原諒我，因為我是有秩序的。」「做一個有羞恥心的孩子。」

和觀課家長回顧對話教學

（「宋」，是我的說話內容；「ＡＢＣ……」，是家長的回應。）

宋：剛剛要離開二年級教室前，問孩子們「你們喜歡那樣的上課嗎？」孩子說喜歡。現在問大家，你們是觀課的人，你喜歡剛剛四十分鐘的課程？也是喜歡！那可不可以分享「在那一堂四十分鐘的課，因為怎樣，所以讓你喜歡？」

Ａ：你會依照孩子的想法，也許當下他的想法不是很明白，但，老師願意讓他發表。

宋：這位媽媽說，透過引導的方式，雖然孩子一開始不是很融入，因為聽別人的說法，也很重要。所以，兩個關鍵：引導的方式，聽著別人說。

Ｂ：我感受到孩子是被接納的，沒有被否定，答案沒有對錯。

宋：所以，大家有沒有發現後面越來越多孩子發言，敢舉手，是因為他感受到剛剛那堂課的氣氛沒有對錯。我一直透過鼓勵的方式引導孩子，讓孩子沒有對錯的壓力，都可以說。

Ｃ：您引導學生思考。現在老師都趕著要講完這堂課。剛剛的這種方式，是有步驟性循序漸進的。最重要的是我看到：老師不是直接告訴學生，不是直接給答案的。

宋：我經常鼓勵老師，只要孩子的思考引擎被啟動，想要教孩子學什麼，他一定學得來。重點像這位媽媽說的，循序漸進的去啟動他，而不是直接告訴孩子答案。老師要做的最重要的事情，是「如何啟動孩子思考的引擎」。

D：您的上課很生動，會吸引孩子專注地想要聽下去。用一個挑戰的提問去激發孩子思考的動力。

宋：所以老師要有一個巧思去激勵孩子，上課的氛圍就會讓孩子都專注。**我試著整理一下各位喜歡的因素**，來看看我們如何做到讓孩子喜歡跟我們對話。也就是說，當我們跟孩子的對話會讓孩子喜歡，就像你們喜歡那四十分鐘一樣。**第一個，要是引導式的，第二不做價值判斷，沒有對或錯、沒有好或壞，我們只做一個事實判斷，我聽到什麼，我的感受是什麼。第三，當我在跟孩子對話時，我會讓孩子喜歡，是因為循序漸進而不是直接給答案的**。掌握這三點，大家回去就可以好好跟孩子對話。

宋：你們有用FB嗎？你們知道FB都會按讚嗎？現在請你們給我按讚。剛剛那四十分鐘，我讓孩子都很專注地參與在這過程裡，除了這位媽媽按的兩個讚，包含我很有技巧、會激勵孩子說的現在是四年級、五年級的問題，還有沒有人想幫我按讚？想一想，剛剛那堂課我有什麼功勞？或，我有什麼表現是讓你們欣賞的？

Ａ：我發現老師很會回應。您會回應說剛剛誰講了什麼讓老師很欣賞，有些內容孩子講得很好，您會適時地去回應。不是只回應這一個孩子，也會回應前一位孩子。每個孩子會感受到您都很看重他，而且您的記性非常好。

宋：這位媽媽講到一個重點，我不是回應你現在說的，我還會回過頭用欣賞的角度，帶領大家回想回味，我不斷地在加深孩子的印象。所以，你為我按讚是因為我很會回應。

Ｃ：老師從頭到尾的聲音、表情，都讓孩子聚精會神，被接受、也被接納，所以孩子都很願意發表。

宋：你們看得出來我今天跟孩子們是第一次見面嗎？好像很熱絡，對吧？我認為級任老師有很大的功勞，班級氣氛帶出來的勇於發表，於是，我帶給孩子的感覺，一開始就很親密。

Ｄ：我發現您會認錯。

宋：真的！很多時候，孩子講完，老師只是隨便隨便的哼啊。所以，我讓你欣賞的是我會認錯，特別是作為大人，尤其當老師的，孩子看到老師認錯有什麼觀感呢？孩子從大人身上學到「不怕錯的勇敢」。當一個大人勇於認錯，對一個孩子來說，就縮短和大人的距離。也更尊重大人，對嗎？

E：我發現老師有一招很棒。您都用尊重的說法引導他們去看著回答問題的孩子，接著後面百分之九十五以上的孩子都在看開口發言的人。

宋：所以，我要說，**對話教學不只是方法，其實更是一個態度**。從我開始，所有接納，沒有對錯。我明白的給一個策略，教導孩子要怎樣去看待發言的人（註：班上有一個男孩子，一舉手發言，就被多數同學取笑），而不是只有指責孩子說「不要笑，你牙齒白呀」。所以，老師和當家長的都要有策略。

F：老師非常專注在傾聽孩子說話，您會說我試著講一下，看跟你講的是不是一樣？

宋：我想請你多說一點，你是在哪一個部分看到我這麼回應。

F：畢竟二年級孩子講話的邏輯不是那麼清楚，您還是用眼神跟孩子確認我在聽你說，雖然孩子的聲音訊息、還有她的思維邏輯無法接上時，您都很專注在聽。還會第二次彌補，**問孩子你的意思是不是這樣？我再重複一次**。您的那個專注，很感動我。

宋：除了釐清以外，我會先徵求孩子，跟他核對我講的是這樣。所謂釐清，我今天踢到兩個鐵板，還好，我用核對的方式，還好，我沒有先入為主「就是這樣……」。我之所以願意核對，就是這位媽媽欣賞的，我想聽，真的想聽。

現在我來問大家，當你面對對方，他真的想聽，你會是什麼感受？是被在乎的，對不對？我試著先整理媽媽們說的我值得被你們按讚，你們欣賞我的。未來，我們要非常專注地聽，當孩子感受到我們是專注的，她會感受到尊重；沒有對錯，就是專心聽你說；我雖然聽到了，但不能先入為主，所以，要用核對的方式再次澄清。

說到專注，可是我們這麼忙，有多少家事要做啊。陪著孩子學習很重要，我怎麼讓孩子感受到我有專注在聽？

是的，眼神很重要。我以前是這樣的媽媽——忙得不得了，教書已經是拚命三郎，回家累得要死，雖然嘴巴說媽媽有在聽，但是，從我們那個語調，孩子很快就知道我們究竟有沒有在聽。我們要先去判斷，這時刻我手上工作比較重要？還是我要趕快聽孩子說？人生，都是不斷在抉擇，永遠都沒有人告訴我們哪個抉擇是對的，就是為自己做決定。

當孩子回來想說說話，但我們正在忙，就一定要衡量。最終的衡量，還是回到我們願不願意用心聽孩子說話。當我衡量此刻是需要聽孩子說話時，就先放下手邊的工作；但如果此刻是不能放下工作時，判斷**此刻這工作是比聽孩子說還緊要的時候**，一**定要有一個交代，跟孩子說，請給我兩分鐘或五分鐘，媽媽趕快把手上事情告一段落**。

大家有沒有發現？很多時候，孩子在跟我們說什麼，其實並沒有要我們立刻給答案，並沒有要我們立刻為他做什麼。但是，那一份被溫暖的心，讓很多事情已經可以解決一大半。千萬不要讓孩子覺得我們在敷衍他。孩子其實很精明，知道我們沒在聽。

宋：我要再拉回來剛剛的四十分鐘。請你說一說在你觀課時的疑惑？你想問哪些問題？雖然你們大多是家長的角色，就好像有很多老師會想問這個教學方法如何帶到班級裡應用？我知道你們有很多彩虹媽媽、書香媽媽、愛心家長，你們都會在班級跟孩子有接觸的，你們有些時候就是要面對孩子的。我換個方式來問問看，在早上觀摩教學以前，我們討論了提問比給答案更重要。所以，我鼓勵大家盡量用提問的，用循序漸進引導式的方式。如果未來進到教室時，要像我剛剛用提問引導的教學，你可能會有什麼樣的困惑及擔心？

G：我還滿常進班級。我常會遇到班級孩子的屬性差異滿大的，當你拋一個問題，孩子會散掉。這部分對我來講比較困難。

宋：您問到非常關鍵的兩件事。第一點，本來每一班級的班級經營就有很大的不一樣，所以，我寧願當級任老師，也不願當科任老師。級任老師，只要把我這班教好就好，我讓科任老師來我的班級上課，都歡喜不得了，但我當科任老師就很頭疼。第二個關鍵，我可以掌握孩子注意力的法寶是：第一、問好問題，問有效的問題。我們先來說什麼叫做有效的問題？有兩個重點：對方能力可回答的，孩子願意回答的問題。

作為一個書香隊長，我們要開始了解，即使一樣是二年級，每一班孩子的能力都不一樣，跟他們的級任老師帶班的風格有關係，可能編班的素質是愛說的就湊在一起。不過，透過這樣引導式的教學，其他孩子會學著怎麼說。所以，進教室前，我們得好好做功課，了解這班級的孩子素質。

第二個，問的問題是孩子願意回答的，這跟信賴度有關係。請你們評估我今天一進教室，和孩子的信賴度從一到十有幾分？要帶給孩子信賴感，我們需要做什麼功課？

大家認為親和力可以修練嗎？可以的。你真的在意你進班之前讓孩子對你有信賴感嗎？如果在意，你就當一回事的改。最重要的，就是在問出好問題，有效的提問，再來就是很到位的回應。

G：我個人特色是，頭髮是捲的，小孩會直接叫我「花媽」。但後來想想，她願意跟我講，就是她喜歡我。

宋：哈哈，是那孩子太白目，應該叫妳花姊。我想，妳的儀容跟威儀，孩子是喜歡的。再來，我猜妳展露出的是沒有怪罪孩子，所以，一開始妳就給了孩子親和力，當她說了花媽後，又沒有被指責。最具體的，也許妳心裡是抗拒的，但妳願意跟孩子有信賴關係。

我要勉勵大家：修練，不需要出家，就能修練。日用平常的就能修練，我今天比昨天進步一點點，昨天打孩子十下，今天打孩子五下，這樣也叫修練吧？沒有那麼難，重要的還是回來自己「在意嗎？」謝謝您提出這個好問題。

宋：各位還有想到什麼嗎？我每次都很感謝問問題的人，感謝你們都在幫別人問問題。

H：我是這一班的學生家長。我早上就帶他們讀經，**這一班的狀況是很多的小朋友都跟不上課業進度。剛剛那位很會發表的孩子，看起來邏輯思考都比較慢，但剛剛那一堂課，我重新認識了他們，原來他們的思考邏輯是不一樣的**。他們班有四、五名孩子，在我帶讀經的時候是狀況外的，不過，剛剛我學到了要互動。我們的備課進度是每一個禮拜都要講一個固定的範圍，不一定要讓孩子去記得，但要讓孩子去思考，還能提出問題。我常常讓他們看影片，他們會自己提出問題，在影片中看到什麼，等於是互動的過程，還有送小禮物。這班的課業進度沒有這麼強，因為他們跟不上，所以我讓他們學習像是在幼兒園的感覺。我強調互動，那也是我們台灣的教育上需要改變的，讓老師跟學生間沒有隔閡。在台灣教育裡，很多時候，老師說什麼，孩子就是聽。我們這一代就都是這樣子的，沒有舉手發言，讓很多人失去思考的能力。**看完剛剛那一堂課，我覺得思考是很重要的**。

宋：大家有沒有敏銳的覺察到這位媽媽剛剛的講話，有好幾段聲音都是顫抖，甚至有一小段是哽咽的。我認為背後的原因是「你是被感動的。」特別是因為早上你才給這個班上完讀經課，隔一節課又看到對話教學，所以感動更強。您讓我欣賞的是：你有一份反思，讓您重新看到這個班的孩子需要的是什麼，而不再認為自己只是一個讀經班的媽媽。

您剛提了三個孩子，以您現身說法，所謂的紙筆測驗，這三個孩子在考試卷的成績是辛苦的，從剛剛那節課，您看到他們是很投入而且也很能發表的。班上孩子怎麼接納有學習障礙特質的孩子很重要。這些孩子在大考的時候可能沒有那麼佔便宜，但今天我們都看到了，只要孩子發表的信心被保存好，不要繼續被打擊，這些孩子未來都能拯救社會人類的。

今天台灣教育就是這樣，考試考不好，就是注定被嘲笑。那怎麼辦呢？我們不可能去改變老師。回到早上跟大家說的，誰都不可能改變一個人，除非他自己想改變。那可不可以給老師建議？如果我們心裡是用「建議」這兩個字，也不要去了。我們之所以會建議，一定是認為對方不好，如果我們是用一種分享，效果才會好。

回到早上說的那三顆心：第一、用好奇心提問；第二，當老師說了什麼，家長能不能用接納心去聽；第三，我們能不能讓老師感受到我們是用一種祝福心去回應她，不要讓老師覺得我們是怪獸家長，覺得我們好像是上級派來監督老師教學的。讓老師真的感受到我們是願意跟老師站在一起，一起來面對這件事。

記得，要用心和孩子對話唷！

MEMO

讀者們留意到了嗎？

和二年級孩子的對話教學觀摩示範後，我依然謹記著「提問比給答案重要」的學理，透過三個提問：「剛剛那四十分鐘，有什麼讓觀課者喜歡的因素」「那四十分鐘，宋老師有什麼讓觀課者欣賞的特質」「如果觀課者未來要用這個方法，還有些什麼疑慮」，啟動了觀課者思考的引擎。而在一問一答間，幫助觀課者學習「讓孩子喜歡參與的課堂氣氛」「講課者該有的問聽應能力」「讓對方舒服的對話態度」。

因為是透過提問，觀課（學習）者在被問的刺激中，更能夠與自己的經驗相應。這樣的學習方式，完全與現場的實際發生連結，有別於講師用自己事先準備的講義來上課，當然就能讓學習者內化、也活化所見所學。

對話的圖像

「四層次提問」的三W：What, Why, How

第一章，我們了解了為什麼「提問比給答案重要」。第二章，讓我們從一個「四層次提問」的對話教學實錄來認識對話的圖像：「四層次提問是什麼（What）」「為何提問需要四層次（Why）」「要如何修練四層次提問（How）」。從三個W，來驗證「提問」真的比「給答案」重要得多。

以下的教學實錄，是二〇一九年末，我在弘光大學帶領八十位來自馬來西亞華校教師「初探」四層次提問對話教學的演示逐字節錄。設計問題真的不難，但要記得：用「好奇心」提問，用「接納心」傾聽，用「祝福心」回應。

「宋」，是我的說話內容；「生」，是學員的回應。

宋：我要講一個真實故事。故事的主人翁叫「小鄭」。小鄭在小學畢業的時候，爸爸認為如果讓他繼續留在鄉下，會沒有競爭力，所以想辦法讓他到台中市讀書。小鄭從鄉下來到大都市上中學，整個成長生活的環境都不一樣。開學的第一堂課是英文課，英文老師按照以往經驗，判斷全班都學過英語了，就跳過最基礎的課程，直接上第一課的課文。小鄭完全搞不清楚是怎麼一回事，很焦慮。第一個禮拜結束，英語小考，小鄭考個位數。老師怪他回去都沒有複習。一個月後的全校月考，小鄭這一班的其他孩子都考得還不錯，就小鄭最糟糕，把整個班級的平均數拉下來。英文老師發考卷的時候，不客氣地對他說：「就是你，你就是壞了全班這一鍋粥的老鼠屎。」

除了英文學不好，小鄭其他科目的學習通通都受到影響。勉強撐完第一個學期，放寒假，所有住宿的孩子全部都要回家過年，小鄭拎著行李在校園裡走來走去，不曉得要怎麼辦？這是一個教會學校，出現一個人，是誰呢？

生：神父。

宋：神父問小鄭，要過年了，怎麼還不回去？小鄭支支吾吾地說自己不敢回去。神父問為什麼不敢回去。小鄭拿出他的成績單，那個分數真是不好看。神父說，沒關係，回去跟爸爸說，你下學期會努力一點。小鄭說，我爸爸就是因為覺得鄉下地方沒有競爭力，所以把我送來都會區。如果我這樣回去，我會被我爸爸打死。神父說，那這樣好不好，我幫你寫一封信，你帶回去給你爸爸，我在信裡面告訴你爸爸說，因為第一學期，還不適應，我幫你保證你下學期一定會認真。小鄭說，沒用，信看完，我還是會被我爸爸打死。神父說，那不然我直接打電話好了，小鄭說你電話掛了，我還是會被打死。神父說，那我陪你回家，帶著你回去。小鄭說你離開我家以後，我還是會被打死。神父實在是不曉得怎麼辦？最後神父說，不然你這個寒假就跟我一起留在學校。

時間過得很快，一個寒假，三個禮拜結束。下學期開學了，開學第一天第一節課，又是英文課，英文老師想要知道孩子過了這三個禮拜，到底英文還記得多少，所以第一堂課就考試。小鄭考一百分。

老師說小鄭作弊，小鄭說沒有，老師要小鄭中午吃完飯，到辦公室再考一遍。中午吃完飯，小鄭帶著鉛筆盒到辦公室去了。但老師認為既然早上可以考一百分，表示小鄭都知道答案了，現在考還不是一樣，就不讓小鄭再考一遍，改叫小鄭把課文讀一遍。小鄭說：「老師你叫我來考試，所以我沒有帶課本來，我用背的好不好？」英文老師不可置信的讓小鄭背課文。小鄭一課一課的背，背到第五課的時候，英文老師問小鄭：「誰教你的？」小鄭說：「是神父。」英文老師聽完後，很激動的趴在桌子上嚎啕大哭，辦公室的老師嚇一跳，以為這個孩子大逆不道，做了什麼事？趕快過來關心。英文老師抓著小鄭衝到神父的辦公室。神父正在辦公，看到有人來，一抬頭問什麼事，英文老師雙膝下跪，小鄭看老師跪，也趕快跟著跪，完全不知道發生什麼事？神父更驚恐，趕快起身，把英文老師扶起來，英文老師講了一句話，「神父，我不配當老師。」

小鄭這個故事還有後續，我就不講後面發展了，故事先講到這裡。我們來回顧一下，這個故事裡面提到哪些角色？

生：小鄭、英文老師、神父。

宋：還有……

生：他的爸爸，會打小孩，暴力型的爸爸。

宋：嗯，暴力型的，叫做望子成龍嗎？就是要孩子有好的競爭力，對不對？還有沒有其他角色？

生：同事。

宋：還有同事，也有同學。小鄭出生在一個什麼地方？

生：鄉下。

宋：但是他到哪裡去念中學？

生：城市。

宋：為什麼要到城市去念中學？

生：為了競爭力。

宋：是誰的想法？

生：爸爸。

宋：小學畢業幾歲？

生：十二歲。

宋：對十二歲的孩子要離家，住在學校裡面是很大的挑戰，對不對？他遇到第一個挑戰叫什麼？

生：離鄉。

宋：一開始，他真的搞不清楚英文課是在做什麼，英文老師怎麼樣看待他這件事情？

生：懶惰。

宋：直接給他貼一個標籤——「懶惰」。

生：沒有複習。

宋：等到一個月後，真正的大考了，因為小鄭拖累了全班的平均，老師送給他一句話，「壞了一鍋粥的老鼠屎」。我們試著想一想，小鄭在那個當下，聽到老師這樣說，會有哪些心情？

生：傷心，失落，受傷，受挫。

宋：受挫，失落，受傷，都是負面的情緒。你猜，小鄭在英文的學習是這樣的受傷、挫折、難過，會不會影響到其他科目？

生：會。

宋：為什麼會影響到其他科目？

生：信心。

宋：信心很重要！沒有信心，一定會影響到情緒。還會影響到什麼？

生：健康。

宋：還會不會影響到他跟同學的……

生：關係。

宋：與同儕的互動關係都會受到影響。所以，其他科目也會考不好。第一個學期結束了，大家都要回家了，小鄭有沒有回家？

生：沒有。

宋：為什麼沒有回家？

生：不敢回家。

宋：後來誰出現了？

生：神父。

宋：神父給了他幾個方法，第一個方法叫什麼？

生：寫信。

宋：第二個呢？

生：打電話。

宋：第三個？

生：陪他回家。

宋：小鄭選擇哪一個？

宋：他都沒有選，最後神父想出了最後一個方法。
生：留下來跟神父住。
宋：文章裡並沒有講到他留下來跟神父住發生了什麼事，我們一起來想像，好不好？小鄭留下來的那三個禮拜，神父要做哪些事情？
生：開導。
宋：開導，會用哪些方法開導？
生：關心。
宋：鼓勵的。
生：問他發生什麼事，然後討論當下的情緒。
宋：開導有兩個，第一個用方法，了解發生什麼事情。第二個，舒緩他的挫折、沒信心這些情緒。神父還需要做哪些事情？
生：幫他建立信心。
宋：舉個手，我才知道誰在說話。怎麼樣？
生：神父教他禱告。
宋：對，每一天「阿們」，OK，禱告很重要，宗教的力量很神奇。還有嗎？神父還會做什麼事？
生：陪他讀書。
宋：我們試著說說看，神父會用哪些方法陪他讀書？

生：示範。

宋：你跟著我念，叫做示範。好，再來。

生：解釋。

宋：解釋生活化的英文，這個神父真的很厲害。我還是要再問，三個禮拜要陪一個十二歲或十三歲的孩子，神父除了在教學上做一些事，神父還要做一些什麼？

生：愛心，照顧他的生活需要。

宋：照顧他的生活起居。容不容易？

生：不容易。

宋：不過借用你們剛剛分享出來的智慧，神父在照顧他生活起居的時候，都是用英文的，就是很棒的生活化學習，培養他的信心，隨時會告訴他「阿們」，然後不斷的用鼓勵的方式，果然三個禮拜之後，開學的第一天第一堂課就是……

生：考試。

宋：又要考試了，小鄭考……

生：一百分。

宋：英文老師怎麼看這件事情？

生：作弊。

宋：再想，這個時候的小鄭考一百分，被說作弊，他會有哪些心情？
生：沮喪，委屈。
宋：可能會委屈，還沮喪嗎？
生：不會。
宋：已經不會像第一學期那麼的挫折，那麼的沮喪了。為什麼？
生：有信心。
宋：開始有信心了，他開始有這個信心，誰的功勞最大？
生：神父。
宋：神父用了很好的方法，除了宗教的「阿們」以外，一定有很多在照顧他的生活起居時，不斷地給他信心。OK，英文老師怎麼證明他認為小鄭是作弊的？
生：叫小鄭背課文。
宋：他是叫他背嗎？英文老師一開始要求什麼？
生：重考，重考。
宋：對，一開始是要他重考，後來誰翻案？英文老師自己翻案，對不對？為什麼不讓他重考？
生：他已經背會答案了。
宋：那答案都知道了，還考什麼考！所以英文老師叫他……
生：讀課文。

宋：小鄭有沒有讀？
生：沒有。
宋：為什麼不讀？
生：沒帶書。
宋：沒帶課本，但是他至少會背，已經都記住了，對不對？背到第幾課？
生：第五課。
宋：老師什麼反應？
生：嚎啕大哭、驚訝。
宋：老師的哭，除了有驚訝的，還有……
生：自責。
生：慚愧。
宋：慚愧，還有……
生：哭了。
宋：哭了？
生：悟了！
宋：什麼？
生：悟了，誤判了，發現錯了。
宋：好幾種悟：誤會的誤、禮物的物、開悟的悟，你是哪一個？

生：覺悟。

宋：領悟的悟，就是她整個豁然開朗，對不對？她豁然開朗什麼？

生：覺悟到自己教學的問題，覺悟沒有去詢問孩子的基礎是怎麼樣，直接就教課了。

宋：還有你剛剛說的……

生：自己教學方法的問題。

宋：OK，覺悟到自己的教學方法，沒有去考慮到孩子的基礎，所以你們很厲害，已經把英文老師趴著哭的那個眼淚，都分析出來了。有慚愧的，有自責的，有……

生：領悟的。

宋：對，領悟的，所以他抓著小鄭去找誰？

生：神父。

宋：一到了神父那裡，立刻……

生：下跪。

宋：小鄭也跟著跪，到底發生什麼事？當神父把他們扶起來的時候，老師說了一句什麼？

生：我不配當老師。

宋：好，我們用這一句來說說看，英文老師為什麼會說出「我不配當老師」？

生：愧疚。

宋：有愧疚的心，包括你們剛剛有講到了「他的方法不對」，還有，他為什麼不配當老師，特別是找到神父以後，講這一句話。

生：不夠用心。

宋：英文老師不夠用心，還有……

生：忽略了孩子的心。

宋：錯怪孩子，還有……

生：忽略了孩子的需求。

宋：沒同理心，多說一點，怎麼樣叫做沒有同理心。

生：沒有深入了解為什麼這孩子學不來、考不好。

宋：沒有站在孩子的立場，OK，還有，為什麼英文老師認為自己不配當老師？

生：一個不是當老師的神父，都能把孩子教好、教會，為什麼老師反而不能？

宋：講到一個重點了，到底有沒有用心？真正有用心的，即使不是老師職責的神父，都可以把這件事情做好，所以對這個英文老師來說，更認為自己不配當老師。你們實在是太厲害了，八十個人馬上被聚焦在一起，現在來讓你們玩一個想像的遊戲。我們來想像一下，來猜一猜，「猜一猜有沒有標準答案？」

生：沒有。

宋：所以盡量猜，你們猜一猜，這個英文老師長什麼樣子。

生：緊繃的。

宋：馬上說到線條，是緊繃的，那個表情緊繃的人，代表個性怎樣？

生：嚴肅，沒有什麼笑容的，冷酷，冷漠，很兇。

生：殺氣。

生：還有年輕。

宋：是年輕的，可以，哪一位講年輕的，可不可以多說一點，為什麼你會認為是年輕？

生：經驗不夠。

宋：OK，從經驗來判斷英文老師是年輕的，好，這個老師的外型大概什麼樣？

生：摩登的，是時尚的。

生：要求很高。

宋：要求很高，所以連對自己的穿著要求也很高，要摩登，我這樣夠摩登嗎？還有嗎？通常會是哪個外型？

生：老老的，古板的，不愛打扮的。

宋：剛剛講年輕的，是從沒有經驗來看年輕，但是從思維來說，可能就是比較古板的，很容易就給人家下定論的，對不對？OK，你們認為這個英文老師是男生？還是女生？

生：女生。

宋：哇！一面倒。說說看，為什麼你們會認為是女老師？

生：講話都尖酸刻薄。

宋：挖哩咧，女生講話都尖酸刻薄！再來，為什麼會認為英文老師是女生？

生：很會哭。

宋：男生都不哭的，還有……

生：女生要求比較高。

宋：真的嗎？這個叫做刻板印象，對不對？一般女生給人的感覺比較細膩。剛剛還講什麼？比較會……

生：尖酸刻薄，古板。

宋：怎麼換個方式講？不要講尖酸刻薄，我們說女生……

生：感性。

宋：講話比較精準，這樣可以？

生：可以。

宋：還有講一個女生怎樣？吹毛……

生：吹毛求疵。

宋：吹毛求疵，跟雞蛋裡挑骨頭差不多，好像那真的就是一種刻板印象。好，在座的男士你們可以接受嗎？你看，我們如果講說女生比較尖酸刻薄，男生會說他們沒有，我們說女生講話比較精準，我猜男生也會搶著要，所以我們的說詞，會對應到別人能不能接受。現在來說說神父長什麼樣子？

生：慈祥。

宋：也太不公平了吧？相對於剛剛的尖酸刻薄。

生：和藹可親。

宋：就是給人一副很……

生：平易近人，帥帥的，白頭髮。

宋：帥不帥不知道，但是從各位給的說詞，都是……

生：好的。

宋：正面的，那有一種心叫做唯心的，我只要覺得你是好的，你就是很帥的，跟外表沒有關係，就是心。心的 feeling，所以不要太去在意孩子說我們美還是醜，那個是在反應他跟我們之間的關係。還真是要感謝有一個神父出現，雖然小鄭面臨了爸爸，真的是滿殘忍的，十二、三歲就要離開家裡，然後住到學校，有多少事情要自己做，在做不來的情況之下，學業成績又是這麼的難堪，還好有一個神父出現，有一句話說危機就是……

生：轉機。

宋：當然要看你的因緣，你的福報好就會有轉機，福報不好，就是……

生：危機。

宋：當機，然後乾脆就……

生：關機了。

宋：死機嗎？那更慘！我還想邀請大家分享自己身邊的故事。你自己有沒有曾經經歷過像小鄭這樣的，到了一個新環境或者學習一樣新的東西，你遇到的是很挫折的，可能遇到的就是像尖酸刻薄的這個英文老師，可能遇到的就是要求很高的老師，但還好，後來有一個類似像神父這樣的角色，拉了你一把，讓你不至於當機、關機、死機；或者你的身邊，你的同事，你的朋友，類似英文老師這樣，要求很高，常常講話尖酸刻薄，很喜歡在小細節上做文章的；或者你的身邊也有類似像神父這樣拉你一把，或協助你的人。

生：這是我個人的經歷，那時候是我剛到新學校，就接手四年級的班，那是我教的第一班學生，不管是成績、紀律，或者是競賽，都是最差的。我接手的時候，有個A同學，他是公認最差的同學，但是我並沒有發現他真的很差，我每天給他鼓勵，一直以來他和我都是滿相通的，我是他的級任老師，教他華語。第一期考試，他的成績不理想，一百分才拿了十九分，第二次考試也大概這樣。到了七月份，突然就進步到七十幾。我很好奇，還沒有來得及問他，他已經被副校長召去，問他是否作弊？好幾個老師也都認為他是作弊的。身為他的級任老師，在下課的時候，我只是問他，老師們都在說你作弊，但我相信你，因為我看到你的努力。然後我就說，我為了證明你是沒有作弊的，我們再考一次好不好？他答應了之後，我就帶他在辦公室裡面，提高聲量說：

「A同學，你坐這裡，你要重考。」我故意演一場戲，他就坐在我位置，我要上課，就丟他一個人在那邊寫，考完後批改，發現他的成績，比之前的還要高，因為他之前可能太緊張，漏了一些題目。我把這一份新的考卷交給副校長，副校長沒有說話；我再給其他幾位說他作弊的老師看。就這樣子，後來那孩子慢慢開始有信心，不停增加知識，目前應該是大學生。

宋：老師相信你沒有作弊，但是因為別人都這麼說，所以我們得做一件事情來證明，對不對？所以，你幫A同學開了一扇窗，但我很想問，對這一個A同學來說，雖然現在讀到大學了，雖然在辦公室重考之後，已經證明他沒有作弊，但是這個孩子心裡有沒有受傷？

生：有。

宋：為什麼受傷？

生：學校都沒有尊重孩子。

宋：第一個，我本來就沒有作弊，為什麼還要叫我證明，對不對？第二個，他心裡會有什麼受傷？

生：委屈。

宋：我不被信任，一個不被信任的生命，其實很容易怎樣？

生：放棄。

宋：自己就放棄了，自暴自棄了，這個孩子真的很棒，他還願意到辦公室坐在那裡，你想可不可能有一個孩子說，我幹嘛要去考！

生：有。

宋：通常會這種態度「我幹嘛要去考」，他的下一步會怎樣？

生：自暴自棄。

宋：所以更放棄了，OK，所以感謝這一位老師，看到了這個孩子還有一扇窗，很棒很棒！你的故事裡面，你就是扮演那一個神父，拉孩子一把，我相信，即使對這個孩子來說，心裡是有委屈的，有受傷的，甚至於質疑「我幹嘛還要再考一次」，可是你在他的心中，會是一盞明燈。很棒！還有沒有人可以跟我們分享你生活中，類似這樣的故事。

生：老師我要分享，我有一個這樣的爸爸。

宋：還好，你還活著，沒被打死。

生：我爸爸就像小鄭的爸爸，要求很苛刻，因為他是白手起家的。小時候我們很辛苦，他開一間咖啡店，我們要幫他烘咖啡，四個孩子當中我是最倒楣的那一個，上有哥哥，哥哥去外地讀書，我是大姐，下面有兩個妹妹，每天要烘咖啡，就沒得讀書了。放學後，我們都沒有時間做功課，要等咖啡店打烊了，十點半後回到家，才可以開始做功課。爸爸常說：「如果你不會讀書最好，你就可以幫我打理我的店，那我就可以退休了。」我們四個孩子都很怕爸爸，所以都很自動自發，但只有我是唯一要烘咖啡的。我不只要幫爸爸烘咖啡，要回家前居然還要搜身，看有沒有偷拿錢。青春期很會長青春痘，我喝了很多水，常常上廁所，爸爸就說是不是偷了錢放到廁所裡？爸爸受到奶奶的影響，雖然有六間房屋，但都沒有辦在媽媽的名下，因為奶奶告訴他：「女人會改嫁，跟你不同姓，千萬不可以辦女人的名。」所以我媽媽也是相當可憐的。我想講的是，因為孝順，所以我有今天，我的先生每天來喝咖啡，所以我才認識他，兩個妹妹沒有烘咖啡，都沒有嫁人。感恩，謝謝，這是我的分享。

宋：剛剛的這一段故事的名字，叫做〈咖啡姻緣〉。

生：今天的福氣是烘咖啡得來的。我當了校長，有很多老師說我是因為烘了咖啡。

宋：王校長剛剛描述的這一段，當中有一小段，聲音是顫抖的，回家之前要被搜身，到了廁所還要被懷疑是不是藏了錢，這一段我聽到還是有一些顫抖，但我非常佩服王校長從頭到尾一直講兩個字「感恩」，即使那樣的爸爸，對王校長來說，並沒有烙下非常非常不堪的傷害，那都要歸功於王校長，她就是很感恩，而且後面還稍微開了一點點玩笑。

生：兩個妹妹。

宋：她兩個妹妹都可以這麼想：「我合理懷疑大姐根本就是把好的咖啡都給她先生了，只要是來找妹妹喝咖啡的，都給他喝那種喝完一次就不會再來了。」感恩，感恩可以讓我們很快就去接受很多的事情，然後去面對，非常謝謝，即使有一個像小鄭那樣的爸爸，今天我們看到王校長，她依然是這麼的亮麗，沒有受到那樣的影響，所以誰決定？誰可以幫我們決定要不要感恩？

生：自己。

宋：做了感恩的決定，我就可以勇敢往前走。

*

生：我要分享的就是那一個小鄭。我小學的成績不錯，上國中時，數理科用英文教，可是我小學的英文很不好，所以我在上數學課的時候，不知所措，我很明白那個小鄭的學習情形。在考試的前一天，我還在翻譯每一個英文字，把它變成華語，我才能明白。考試，我是全班最差的一個，我很不能夠接受，可是我知道我的科學能力不是這樣子的，那是因為語言的限制，導致成績變成這樣。我那時候其實很怕，因為我的班級，是那一個年級的好班，考最後一名，我回去要怎麼面對我的父母？還好我很慶幸我的爸爸沒有像小鄭的爸爸會打人，爸爸要我坦白跟他說問題，我真的很感恩我的父母，後來幫我找補習老師，補救我的科學，我也很感謝科學老師，他沒有責罵我。在我接下來的幾次考試，我科學進步了。那時老師是按照名次發考卷的，我記得我去拿考卷的時候，那個老師給我一個很肯定的點頭，我一直記到現在，很感恩。

宋：你們大概沒有人像我一樣看著她，那一個點頭，真漂亮，我猜，妳剛剛在點那一個頭的時候，腦中一定是全然的複製了那一個老師對妳點頭的樣子，那是非常非常大的鼓勵，對不對？講完了，都眼眶泛淚，所以那是多麼大的感恩，很重要的是爸爸媽媽沒有苛責妳。

數理資優班，我稱為資優班好了，用英文來教，但英文又不會，到底你是在考學生的英文，還是在考他的數理，真的是很莫名其妙的一件事。就好像很多孩子的數學不好，並不是他數學概念不好，是他讀不懂題目。這個爸爸媽媽很棒，理解了孩子的困難，所以說家庭教育多麼重要。你可以理解孩子，接納孩子，在學校裡，孩子也會遇到像這個黃老師，哪怕只是一個點頭，那個眼神讓孩子知道，我未來的路還有努力的空間。王校長好像還要補充。

生：我要補充感恩的部分。因為感恩教育，我生了兩個很感恩的孩子，我的大女兒在大學醫學系，現在實習最後第六年了，她暑假回來時告訴我：「媽媽，我要去拜見我的一年級的退休老師。」我問為什麼，她說：「我永遠記得他，因為我考第四名，但是他送了我一本愛麗絲環遊世界。沒有人會理會你考第四名，只有這個老師他給了我禮物。」所以老師們，你們要記得第四名也要有禮物。

第二件事就是我懂得感恩的兒子，有天他大學放假回來，說：「媽媽，我要去祭拜我的書法老師，書法老師已經過世了。」我的孩子是從幼兒園就學書法，一直等到高中三年級。我就問他：「你知道老師的骨灰罈放在那裡，幾號嗎？」「我就去問那個老師的徒弟，那老師的徒弟還跟我開了一個玩笑，他講，最近我沒有夢到老師，原來老師是去找你了。」原來他夢到老師，那一晚老師跟他講了好多話，所以他要去祭拜老師。這也是很感恩的一個舉動。我這兩個孩子都很好，都很感恩。

宋：值得鼓勵，有這麼兩個兒女，我想如果王校長當時不是用感恩的心在看待要烘咖啡這件事，而是不斷的對他的孩子抱怨——你看，媽媽多麼辛苦，你的外公是怎麼對待我的，我從小怎樣，都是在對孩子抱怨，孩子不可能有今天這樣的感恩。

周老師告訴我們A同學的例子，但也提醒了我們，即使A同學現在讀大學了，但我們大概可以推測，他的心是會有一些委屈或傷害的；王校長不斷告訴我們感恩，即使是在最難堪的環境，我們都可以找到自己的出口；黃老師自己就是小鄭，她比小鄭幸運太多，喜歡她剛剛點頭的那一剎那，真是美，當我們在肯定別人的時候，我們就是那麼美。

*

生：我要講的是我自己本身和我兒子的經歷，四年級他轉來跟我同校，我知道我的孩子比較好動，就是注意力不足，學校安排他進了第二班，第二班老師很有同理心，經常幫我兒子補課，兒子成績就很好。五年級分班上了第一班後，我就發現不對了，因為第一班的老師非常注重成績，我沒有怪那個老師，因為第一班一定要管好，功課很多，我看到我的孩子不對了，孩子很有壓力，每天都很不開心。有一天，我在辦公室休息時，他就下來找我，說老師要見我。那是上課時間，我知道有事情發生了。我就跟著他去到班上，他們班正在上課，他的級任老師拿著本子，當著全班的面，質問我知不知道孩子很多功課都沒有做？我也是老師呀，我的孩子那時已經掉眼淚，我知道他的心情。但是我沒有什麼反應，就只是聽老師說，向老師道歉說我會注意。放學時見到孩子，我關心的不是他的功課，我關心的是他的感受。在車上我不知道要講什麼，我一直擔心他會哭，但他沒有說什麼，我也就不再提。那一年，他上課很不開心，有一次他講，我要快點離開這班，我要隨便考試。終於，他真的是隨便考，脫離那一班，又回去第二班，他很開心，重新快樂起來。兒子說他很喜歡這個老師，他很慶幸他回到那一班。

經過了這件事情，我知道每一個老師的出發點都有他的壓力，我對第一班老師並沒有什麼怨言，只能說幸虧我沒把事情處理得太糟，後來這位同事又坐在我的旁邊，我也當作事情過去了。不過，經歷了這件事情，每次我都講，我要照顧孩子的心，不是只有我自己的孩子，所有的學生都要照顧。

宋：這個故事也讓我們學習了很多，我最喜歡你最後面講的，我現在都會照顧其他的孩子，我現在會知道要去照顧孩子的心，很喜歡你講一句話，我不是要去看他的功課，我要看他的感受，好像對應到我們早上一開始講的，先處理心情，再處理事情，對不對？我猜，你是一個可以全然接受孩子感受的媽媽，所以你沒有面子掛不住的問題，你沒有遺憾兒子怎麼會從第一班到第二班，你真正在意的是這個孩子的生命，如果他繼續留在第一班，真是不知道會發生什麼事情，所以你也可以接納，那就來第二班，果然孩子就回饋給你，第二班多好，第二班才叫天堂。這位李老師用自己孩子的親身經驗，然後回來看到我做一個老師，應該要怎麼來對待其他家長的孩子，很棒的分享。

我們回到小鄭的故事，從那個神父把英文老師扶起來，聽英文老師說我不配做老師，如果這個故事會繼續寫下去，你會怎麼寫？這個英文老師會做哪些修正？

生：態度。

宋：請再多說一點，怎麼樣的態度會改變？

生：先了解學生，他對學生的學習要多關注。

宋：所以他會有別的方法來關注，尤其是對那個成績特別差的孩子，他的整個態度會是什麼樣的改變？

生：多鼓勵。

宋：多鼓勵，還有……

生：再進一步評判。

宋：不要「懶」這個字就貼上去了。還有哪一位？

生：多對孩子關心。

宋：一樣的，不要那麼快就做了判斷。

生：老師的改變，一定是發自他的內心的，因為他知道孩子成就了他。

宋：他會非常感謝小鄭這個孩子，所以發自內心的那種改變，會讓對方很舒服，還有？他還會做哪些改變？

生：愛心。

宋：多說一點，比方說做哪些事情，做哪些改變叫做更加有耐心，有愛心。

生：孩子有困難，就稍微問一下或是多關心一下，就是對孩子的鼓勵。

宋：鼓勵，而且你提到用提問的方式，去了解他的狀況，還有沒有？

生：他會自我反省，他會聽聽自己的聲音。

宋：開始會跟自己對話，是嗎？還有沒有？

生：對於成績差的，他會特別輔導。

宋：不會直接貼了標籤，然後就不理他，對不對？

生：他會輔導。

宋：我就借用各位剛剛分享出來的，會發自內心的改變，然後態度多了很多的鼓勵，他的策略會開始調整，不直接就下判斷「你是懶惰的」，進一步的會了解孩子做不來，跟不上的原因是什麼，會開始去輔導他，對不對？這些都是你們說的，就用這些我們互相來勉勵，做為一個老師，第一、我怎麼讓對方（學生、家長）知道我們真的是打從心裡在關心他們。第二、多一些鼓勵的話語，第三個絕對不要犯的，輕易就下判斷「你是懶」。第四個，好好了解原因，第五個有機會就多給他一些輔導。你們都是教育專家，已經知道要怎麼樣做為一個會讓孩子懷念的老師。

從剛剛我開始講小鄭的故事到現在，我們在做的一件事情，就是「提問比給答案更重要」，我剛剛有沒有不斷提問？

生：有。

宋：誰給答案的？

生：我們。

宋：你們超厲害的，做為一個受歡迎的老師，應該要怎麼做，都是你們說的喔！

在上面這一個師生就「小鄭的故事」所進行的對話記錄中，宋老師不斷展示「有效的問」「接納的聽」「到位的應」，也就是宋老師全程用三心來對話：用好奇心提問，用接納心傾聽，用祝福心回應。

認識「四層次提問」

以上的教學演示，完整呈現了「四層次提問」的問題設計。有效對話的四層次提問，是：

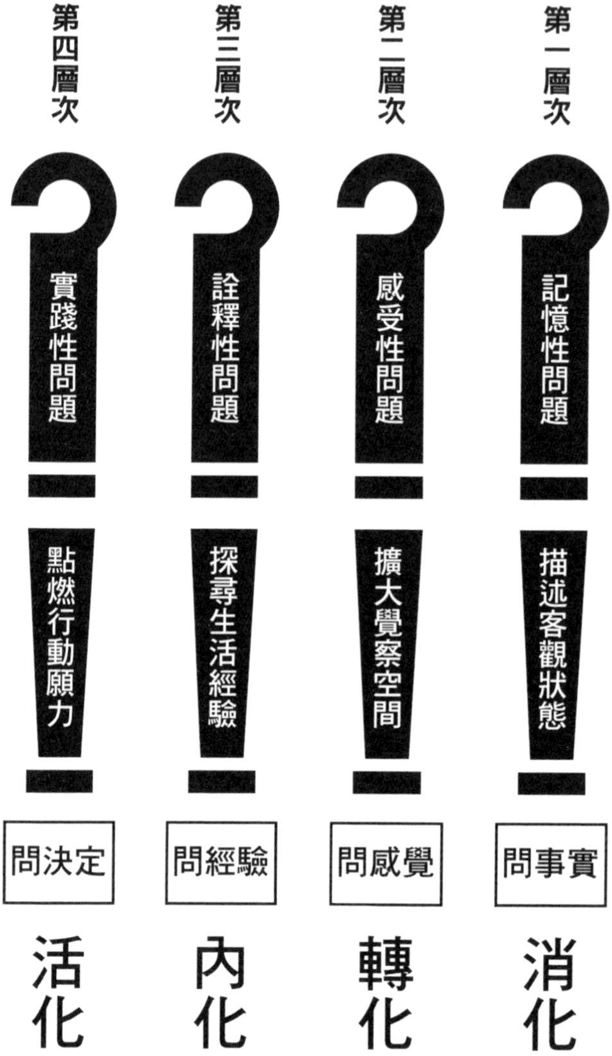

以「小鄭故事」為例——

第一層次的問題有：

「我們來回顧一下，這個故事裡面提到哪些角色？」
「還有沒有其他角色？」
「小鄭出生在什麼地方？」
「但是他到那裡去念中學？」
「為什麼要到城市去念中學？」
「是誰的想法？」
「小學畢業幾歲？」
「對十二歲的孩子要離家，住在學校裡面是很大的挑戰，對不對？他遇到第一個挑戰叫什麼？」
「一開始，他真的搞不清楚英文課是在做什麼，英文老師怎麼樣看待他這件事情？」
「第一個學期結束了，大家都要回家了，小鄭有沒有回家？」
「為什麼沒有回家？」
「後來誰出現了？」

「神父給了他幾個方法，第一個方法叫什麼？」

「第二個呢？」

「第三個呢？」

「小鄭選擇哪一個？」

（跳第二層次）

「借用你們剛剛分享出來的智慧，神父在照顧他生活起居的時候，都是用英文的，就是很棒的生活化學習，培養他的信心，隨時會告訴他『阿們』，然後不斷的用鼓勵的方式，果然三個禮拜之後，開學的第一天第一堂課就是……」

「又要考試了，小鄭考……」

「英文老師怎麼看這件事情？」

（跳第二層次）

「神父用了很好的方法，除了宗教的『阿們』以外，也有很多在照顧他的生活起居時，不斷的給他信心。OK，英文老師怎麼證明他認為小鄭是作弊的？」

「一開始是要他重考，後來誰翻案？英文老師自己翻案，對不對？為什麼不讓他重考？」

「所以英文老師叫他……」

「小鄭有沒有讀？」

「為什麼不讀？」

「沒帶課本，但是他至少會背，已經都記住了，對不對？背到第幾課？」

「老師什麼反應？」

（跳第二層次）

「所以他抓著小鄭去找誰？」

「一到了神父那裡，立刻……」

「小鄭也跟著跪，到底發生什麼事？當神父把他們扶起來的時候，老師說了一句什麼？」

第二層次的問題有：

「等到一個月後，真正的大考了，因為小鄭拖累了全班的平均，老師送給他一句話，『壞了一鍋粥的老鼠屎』。我們試著想一想，小鄭在那個當下，聽到老師這樣說，會有哪些心情？」

「你猜，小鄭在英文的學習是這樣的受傷、挫折、難過，會不會影響到其他科目？」

「為什麼會影響到其他科目？」

「文章裡並沒有講到他留下來跟神父住的期間發生了什麼事，我們一起來想像，好不好？小鄭留下來的那三個禮拜，神父要做哪些事情？」

「會用哪些方法開導？」

「開導有兩個，第一、了解發生什麼事情，第二、舒緩他挫折、沒信心這些情緒。神父還需要做哪些事情？」

「對，每一天『阿們』，OK，禱告很重要，宗教的力量很神奇。還有嗎？神父還會做什麼事？」

「我們試著說說看，神父會用哪些方法陪他讀書？」

「三個禮拜要陪一個十二歲或十三歲的孩子，神父除了在教學上做一些事，還要做其他什麼事？」

（回第一層次）

「這個時候的小鄭考一百分，被說作弊，他會有哪些心情？」

「可能會委屈，還沮喪嗎？」

「已經不會像第一學期那麼的挫折，那麼的沮喪了。為什麼？」

「開始有信心了，他開始有這個信心，誰的功勞最大？」

（回第一層次）

「老師的哭，除了有驚訝的，還有……」

（回第一層次）

「英文老師為什麼會說出『我不配當老師』？」

「你們猜一猜，這個英文老師長什麼樣子。」

「你們認為這個英文老師是男生？還是女生？」

「哇！一面倒。說說看，為什麼你們會認為是女老師？」

「現在來說說神父長什麼樣子？」

第三層次的問題有：

「我想邀請大家分享自己身邊的故事。」

「你自己有沒有過像小鄭這樣的經歷，到了一個新環境或者學習一樣新的東西，你遇到的是很挫折的，可能遇到尖酸刻薄的英文老師，可能遇到要求很高的老師，但還好，後來有一個類似神父這樣的角色，拉了你一把，讓你不至於當機、關機、死機。」

「或者你的身邊，你的同事、你的朋友，類似英文老師這樣，要求很高，常常講話尖酸刻薄，很喜歡在小細節上做文章的。」

「或者你的身邊也有類似神父這樣拉你一把，或協助你的人。」

第四層次的問題有：

「如果這一個故事繼續發展，從那個神父把英文老師扶起來，聽英文老師說我不配做老師，如果這個故事會繼續寫下去，請你來幫忙，你會怎麼樣寫下去？這個英文老師會做哪一些修正？」

第一層次的提問，問的都是「記憶性」的問題，都是文章素材裡有「標準」答案的問題。藉著對事實的釐清，帶領參與者「消化」素材。因為是有憑據的答案，參與者比較有信心回答，可以降低「各說各話」的爭論尷尬。所以，第一層次，往往回應得很熱絡，也就提升了大家參與的熱情。

第二層次的提問，問的是「感受性」的問題，如：「猜一猜」「想像一下」「如果是你」，邀請參與者加入個人的感覺、聯想、推理，與素材發生關係，協助參與者擴大覺察空間，開始轉化素材與自己生活經驗的連結。

第三層次的提問，問的是「詮釋性」的問題，藉由「分享生活故事」，探詢生活中與素材相仿的經驗，讓參與者把討論的話題，「內化」到與自己息息相關的層面。

第四層次的提問，要能點燃參與者的行動願力，問的是「實踐性」的問題，引導參與者「自覺」的下決定，幫助參與者在未來的日用平常中，能夠「活化」出會談素材的精髓智慧。

因為「提問有層次」，所以「對話有深度」。

我所推動的「四層次提問」對話教學，是學自我的恩師陳怡安教授的創見：「**基於對生命的肯定，透過對話的機制，激發參與者的意識狀態，營造和諧的共同體。**」陳教授在為企業組織建立共識時，經常用這個「意識會談」法。當我把這方法用在教學上，真是驚訝於這方法，是多麼的人文。

「基於對生命的肯定」「透過對話的機制」「激發參與者的意識狀態」「營造和諧的共同體」，完全點出了教育的目的。上面所列「小鄭的故事」會談，也真實的呈現了我們應該踐行的對話精神。

所謂「對話的機制」，關係到在「有效的提問」下，所激發出的參與者意識狀態後，會談帶領的主持人或老師，接下來要面臨的考驗，便在能否「接納的傾聽」與是否「到位的回應」。

繼續借用上面這段「四層次提問」示範的後續會談記錄，來認識「如何聽」「如何應」，才可以讓對話「有效也有笑」。

「四層次提問」的教學魅力

宋：剛剛小鄭的故事，我把他稱為「四層次提問的對話方式」。如果你們學會了，回教室就可以營造讓孩子很專注上課的環境，記得做這一件事情：「你不斷提問，邀請孩子不斷思考給答案」，你們剛剛被我提問的時候，有沒有很認真在思考？

生：有。

宋：我們多麼期待來上我們課的孩子，每天的思考引擎都是轉動的。回過頭來看看，剛剛小鄭的故事，從我講完故事，然後帶你們討論，到有四位老師跟我們分享他們的生活成長故事，再到最後你們自己整理出來「英文老師會做哪些改變」，我認為那一些改變都是做為一個老師必須要建立的教學習慣。

這就叫做四層次提問。現在我來問，你喜不喜歡剛剛討論小鄭的故事那一個小時？

生：我看到好多人點頭，也聽到有人回答「喜歡」，大家可以試著說說看「你喜歡什麼」嗎？「那一個小時裡面有些什麼，所以讓你很喜歡那一個小時。」

生：老師是在提一個問題，但是我會感覺到有許多畫面。

宋：我帶著大家討論的那個過程，其實是一幕一幕的。OK，有畫面感，還有什麼？那一個小時有什麼讓你喜歡？

生：有參與感，因為老師和我們都是互動的。

生：不單是老師在講，我們只能聽。

宋：我不是在演講，是邀請你們一起講，所以那個互動的過程是讓你喜歡的，因為可以參與。還有呢？

生：您可以體會我們每一個人的表達，然後一直說我相信你們都有故事要分享，您給了我們肯定，也給了我們勇氣分享，您還給我們時間去蘊釀。

宋：好棒，好棒，那個畫面當中，有鼓勵我們，有讓我們參與，在邀約我們參與的過程，還讓我們有空間，沒有那麼大的壓迫性，對不對？還有沒有？

生：老師會做一個總結，複述哪一個亮點是我們應該注意的。

宋：老師會點出，不只是重點，還是亮點。還有沒有？

生：想像空間。

宋：我不斷邀約你們「我們一起來想像」。

生：還有想方法、策略。

生：引導思考的方法。

宋：你們是一直被引導著，然後在思考，那個方向很清楚。還有沒有？

生：到最後有生命與生命的交流，生命之間的對話，還有很多省思的部分。

宋：最後的結尾，其實是在震盪我們的生命，而不只是一個故事，或一個教科書上要教的，對嗎？

好，我試著整理一下，希望邀約大家一起來進行你的每一堂課時，要有這一些好的因素。第一個，你能不能帶給你的學生，一直是有畫面的。一直有畫面有什麼好處？

生：學生印象會很深刻。

宋：印象深刻，不必畫重點，都記住了。還有，一直有畫面還有什麼好處？

生：有專注力。

宋：專注，不會是很空虛的，然後，一直可以有參與進來的想像力。所以第一個，各位老師，再回去教書，**你要創造讓你的學生一直有畫面感**。第二個，不要只是你一個人講，你要邀約，**你要創造機會讓孩子參與**。第三，**不要讓孩子有壓迫感，給孩子有機會等待，給他一個空間，重要的是我們要一直釋放出**

善意，鼓勵他，你們是OK的。再來，所有的課程，不管你是什麼專業，不管你是那一個科目，請你記得，孩子要學習的，是真正跟他的生命有連結的，最後總要帶給孩子省思的機會，他有省思，才會知道他下一步要做什麼。

剛剛有人提到的，我總是會點出大家的亮點，這一部分，我們現在來往下深談。剛剛的過程讓你很喜歡，我有很大的貢獻，對不對？除了那位老師提到了，說我都會點出你們的亮點，我們在Facebook不是都會按讚嗎？現在，我邀請你們來為我剛剛那一個小時按讚。當你說的話被人家聽到，聽懂，而且也聽出你的亮點的時候，你是什麼心情？

生：有成就感。

宋：有成就感，還有？

生：被認同。

宋：還有？

生：被肯定。

宋：自己會忽然覺得「我今天也這麼會說」。

生：被人賞識。

宋：被賞識了。所以你是第一個幫我按了一個讚，叫做「我很會點出人家的亮點」，還有沒有要幫我按讚的？剛剛那一個小時，我有什麼值得你欣賞的？或者你也很想學習，有什麼要幫我按讚的。

生：讓人去思考，自己想要更好的一個方法。

宋：就好像前一位老師說的，我會帶領大家走上一條思考的路線，這樣一步一步帶過來，對不對？OK，那代表我的這個帶領功夫很厲害，很重要的是我一直在用提問的方式。還有什麼要幫我按讚的？

生：笑容很好，很親切。

宋：很親切，不是傻笑，所以我們上課也要帶給孩子，一直是很親切的笑容，你剛剛會覺得我的笑容假假的嗎？

生：沒有。

宋：所以就是要發自內心的笑。

生：語氣溫和。

宋：語氣很溫和，沒想到六十歲還有這力氣。

生：高低起伏。

宋：有一個詞叫唱作俱佳，台上的人唱作俱佳，帶給台下什麼樣的影響？

生：**專注力**。

宋：會專注，就像你們現在這樣，雖然八十個人，感覺全部的焦點都在老師身上。

生：開心。

宋：孩子會非常開心。老師一直要有發自內心的笑容，非常有親和力，不斷帶領大家思考，還有嗎？

生：**緊扣主題中心**。

生：老師非常關注個人感受，老師一直問他當時的感受是什麼，不只是關注表面上的故事情節，也關心發言者當時的感受。

生：當下的感受。

宋：在帶領你們的過程，我其實就如同這個老師說的，更重要的是我在意感受，帶領大家隨時回到心，我們才能夠進到對方的心裡。

生：您緊扣著要教學的中心，毫無浪費時間。

宋：不會有浪費時間那種「阿雜」，不會一直期待快點下課。想快點下課唯一就是生理需求，趕快出去尿尿，好快就進來了。還有沒有？

生：**接納**。

宋：怎麼說？

生：不管我們給的答案對或錯，您都不會反對，不會把錯的訂正回來。

宋：我必須要誠實的說，我完全沒有感覺到你們說的是錯的，我完全接納，不只接納，我還肯定，所以我根本沒有評斷你們是錯的。我們在這邊先討論一下，什麼時候我們會認為對方說錯。

生：生氣的時候。

宋：因為生氣的時候，沒辦法深聽，所以就怪對方亂講，是這樣嗎？再想，什麼時候我們會認為對方說的是錯的？

生：意見不一樣，自己非常主觀。

宋：很棒，因為主觀，所以當對方說的跟我想的不一樣，就認為人家是錯的。那個狀態就叫做「我們已經有預設立場」。你們有沒有遇到過，有人來找你，你感覺到他其實已經有預設立場。

生：有。

宋：那個時候，你說的意願高不高？

生：不高。

宋：那怎麼樣可以做到不要有預設立場？

生：不要先認定這個是壞孩子。

宋：不要有預設立場，就是全部的接納，對不對？好，我比較喜歡用另外四個字來取代「同理心」——那就是「感同身受」。

宋：可能是我自己對文字的一種癖好，不是學術性的關係，我覺得「同理心」還是很腦袋的，是用腦袋在聽，而不是用感受來聽，所以回應出來的力道，層次會差一點。**如果我們經常可以感同身受，再加上沒有預設立場，甚至於完全沒有立場，我們可以跟任何的對方都很貼近**。一個老師如果可以讓學生願意來跟我們貼近，雖然他在我們的專業科目，成績可能不是很理想，但是我們會在他的心目中留下非常重要的影響。有一天，當他有需求的時候，他會來找我們，我們就是他的「重要他人」。

用心對話，建立「信賴」關係

所以，我把這一段討論，借用你們的話來整理一下。

第一段是我們上課要營造什麼樣的氣氛，要有畫面感，要容許大家能夠參與，要不斷的去鼓勵，給學習者有空間去思考。

下一段是我們個人的素養。每一個老師，要能很專注的聽，可以專注的聽，是因為我們不是帶著立場來聽，就不會輕易的認為對方說的是錯的，這樣才有辦法做到全面的接納。做為一個老師，要讓學生有親切感，發自內心的笑容，會很有親和力。這個也是可以修練的，愛這一個工作，愛當老師這樣的一個助人的工作，自然而然會發自內心的想要去聽。聽完之後，要回應，不只要說出別人的重點，還要點出亮點。努力做到這三件事情，我們就會讓學生想要貼近我們。

我最後要講一個故事，來做為今天課程的結束。

二十四年前，我教的一個小一的男生，在我還在非洲的時候，就跟我約一個時間想聊一聊。通常很久不聯絡，特別是學生，他還要找我，我大概知道，他是非常需要我的陪伴，所以我想辦法排時間給他。我唯一能夠跟他聊的時間，就是昨天在做復健的時候，一面做超音波和短波的治療，這個大孩子就坐我旁邊。這個孩子在他小學一、二年級的時候，家長很擔心，因為孩子的個性就是「什麼都沒關係」，家長來問我怎麼辦，我調皮的跟家長說「也沒關係」。

我當時的念頭就是一種全然的接納，孩子的個性就是這樣，家長急什麼呢？只要確定孩子沒有走偏了，沒有立即而明顯的危險，就讓他這樣也沒關係吧！

不過這個孩子長大了，快三十歲了，他自己忽然發現：不可以什麼事情都是沒關係。代表他在意了！

在他在意的過程裡面，並沒有虛度，他其實很認真，在台灣當完兵以後，就到法國去學法式料理，但是回來台灣以後，跟台灣的環境有一些隔閡。他的爸爸經濟不錯，一直告訴他「你想做什麼，爸爸都支持你」，但是對孩子來說，並不想有「靠爸」的金錢壓力，可又不曉得怎麼跟爸爸說。所以，這個時候他就找到我了。

我舉這個最新鮮的例子，是想要告訴大家，「善待孩子」。昨天晚上，他又來電，說他有勇敢的跟爸爸媽媽講一些心裡的話。我比較 CARE 的不是他爸爸媽媽怎麼樣，我 CARE 的是這個孩子。就問他「我們聊完之後，你的心有鬆一些了嗎？」他很開心的說「有，很鬆」。

我們不知道孩子從此是不是就過著幸福快樂美滿的日子，但在昨天那一剎那，我非常感恩，感恩在我教他的那兩年，曾經給過這群孩子正向的力量，讓他對我這個老師是有信心的，當他漂浮在茫茫大海的生涯規劃時，當他不知道怎麼辦的時候，還會想到有一個浮木可以抓，那個浮木叫宋老師。

所以我們的教學，就努力來做很多很多學生的重要他人，好嗎？記得喔！

對話關係的建立，就是基於對生命的肯定，透過對話的機制，激發參與者的意識狀態，營造和諧的共同體。不只是「有效的問」，還要「接納的聽」，更要「到位的應」。

也就是：用心，對話！用「三心」來營造信賴的對話關係。

用三心來對話

「自己能應用得出來，才值得推薦給旁人。」是我寫書分享教學方法的指導原則。一再強調：「四層次提問的意識會談」，說是「方法」，其實更是「態度」，一種願意與人為善的處事態度，一種自己輕鬆、別人也愉快的對話態度。

常說「孩子是家長的一面鏡子」，真是清楚詮釋了「身教」的重要性。我們要正視「大人怎麼問，孩子願意說；大人怎麼說，孩子願意聽」，更要留意並修練：「我」這個大人是怎麼在聆聽？又是怎麼在回應的？

本章的對話實錄，是我多年來的教學案例：

〈台灣篇〉，記錄了實施「九年一貫課程精神」的第一棒小一新鮮人的對話教學中，我如何從「老師教什麼、學生就學什麼」的「餵養」教學模式，透由「有效提問」，嘗試轉換成「學生想學什麼，我就來教什麼」的「覓食」教學模式。因為友善的師生對話關係，我點燃了孩子「為自己而學」的學習動機，更在融合教育課題上，激發了孩子與生俱來的悲憫情懷，讓班級經營是同舟共濟的大悅納。

〈緬甸篇〉，是一份難得的辦學因緣。記錄著我被授命為心道師父到緬甸北邊的臘戌郊區，在一片玉米田上，從無到有的籌辦、建蓋起一所佛教南傳沙彌學院的歷程。與小沙彌對話、與當地老師對話，與來自各寺院的比丘對話，也要與心道師父分佈在十方的信眾對話。在邁入「甲子」歲月的體力上，如若沒有成就佛菩薩的願力，很容易就會打退堂鼓。還好，在「功不唐捐」的信念下，在心道師父的鼓舞下，充分善用「提問、傾聽、回應」的意識會談法門，留下自己也歡喜的許多對話記錄。

〈非洲篇〉，是極其可貴的飛越山海中文教學記錄。第一次踏上非洲土地，第一次對小黑皮上中文課，第一次淋漓盡致地發揮自己整合資源的能力，帶領起語言不通的黑皮大人，圓滿了一件 ACC 史無前例的「八正道家族」陪伴計畫。在「多面向陪伴」「多角度關懷」的共識下，寫下一頁頁感動自己的非洲教學手記。

〈主題篇〉有步序且詳實記載「讓愛傳出去」這個大單元主題教學活動中的「問、聽、應」。提供給想要帶給孩子生命教育活潑化的老師們，可以立刻上手的對話教學案例指引。從一場表演藝術的成果分享，讓小學三年級的孩子意識到「自己與生長環境息息相關」，並勇敢地付諸行動，以「讓愛傳出去」的純真動機，改變周遭環境。

〈論語篇〉透過「有效提問」，帶領小學六年級孩子親近孔老夫子，並在日用平常中，學習了《論語》的智慧經典。有一群推動佛法學習的觀課老師，有感於經典皆是文言，學習者如果不能回到「現觀經驗」來自問自答，單純以白話文解釋，很難有效學習。觀課後，老師們自覺反思自己的佛法教學與自習方法可以有哪些調整；也在這一場「小學生讀論語」的對話教學觀摩中，體會「提問果然比給答案重要」。

本章的五篇，儘管教學議題的時空背景不同，卻都見證了：只要學習者的思考引擎被啟動，沒有學不來的教材。

台灣篇

從對話中學習

「哇！你們才二年級就教『酸鹼中和』啊！」

星期二，一位高年級的家長看到我在黑板上寫著『ㄙㄨㄢ ㄐㄧㄢˇ中和』四個字，很訝異。而我一點也不覺得奇怪，那是我和孩子從「一年級時，你有說過啊！」慢慢建構起來的知識架構。好比心理學者布魯納（Bruner）的觀點：任何知識都可以教給任何年齡層的孩子，關鍵在「老師用的是什麼方法」。

「對話的深聽與回應」，讓我驗證了布魯納的認知觀點。

星期二一早，我看到文杰認真地排著課桌椅，我意識到該是給他「重要肯定」的時機。於是，我鄭重宣布「老師要聘請文杰當火車的列車長，因為他排火車排得很專心喔！（孩子們稱教室內三組課桌為三列火車，並相約上課鐘響，就要整理火車，不可有斷裂的情形）」。這項新任務的頒布引來全班熱烈討論「火車」的話題。

我們先從「坐火車和坐家長開的車有什麼不同？」談起。

學苓說：「火車的輪子和爸爸車子的輪子裡的鐵一樣。」我幫忙釐清：「你是說，爸爸車子有輪胎，火車沒有輪胎的意思嗎？」

學苓猛點頭，旁邊的智隆用台語說：「所以爸爸的車子愛ㄍㄨㄢ風，火車免」。岱儒接著說：「因為火車走在兩根鐵上面」，聿暘立刻補充，那兩條鐵叫「鐵軌」。

對這類生活題材對話最感興趣的志凡，馬上站起來示範火車的兩個輪子需要靠一根「東西」相連，而小汽車兩個輪子中間沒有「那一根」，於是我帶著全班就地表演開火車「嘟——嘟——」的場景，好多孩子恍然大悟「難怪每次學開火車，兩手臂都要弓起來前後晃動」。

品賢說：「小汽車跑得比火車還快。」怡捷接話：「橘色火車跑得比較快」。阿佩說：「那是自強號。」藍倪說：「有一種叫普通車，走得很慢很慢。」孩子在七嘴八舌的自在對話中，自然的、沒有壓力的建構起「火車」的相關概念。比較少坐火車的孩子雖然插不上嘴，卻也聽得津津有味，我適時加入「子彈列車」的概念，告訴孩子們「等你們六年級時，台灣會有一種好快、好快、超快速的火車，咻一下就不見蹤影哦！」

「像雲霄飛車那麼快嗎？」我真是服了孩子們觸類旁通的能耐。

看孩子全神貫注、熱烈參與的模樣，我趕緊介紹這學期兩個重要的主題活動「坐普通車去看螢火蟲」「坐自強號去看無尾熊」。有人問：「去哪裡看螢火蟲？」「可以抓嗎？」有人說：「老師，你一年級時有說過，Judy 姐姐小時候在美國，以為蜜蜂是螢火蟲，用手去抓就被蜜蜂叮到」「然後，你就叫 Judy 姐姐趕快去尿尿，把自己的尿尿塗在被蜜蜂叮到的地方」，全班哄然。

我忘了是在什麼時候告訴這群娃娃兵們「女兒被蜂叮」，但從他們個個明亮的眼光，我確定每一個人對Judy姐姐的「烏龍遭遇」都有高度的興趣。不過，一年級就是一年級，他們的興趣僅止於「錯把蜜蜂當螢火蟲」以及「用尿尿擦傷口」，還問不出多學術的問題，我也學著忍住「想給」的雞婆心，就讓孩子自己發現問題吧！

二年級就不一樣囉！有人進一步問：「為什麼被蜂叮到，要用尿尿擦一擦？」「只能用自己的尿尿嗎？別人的尿尿有沒有效？」

會提問就代表想學習。我也就順著孩子的好奇心，引領他們回想自己被蚊子、螞蟻叮的情形，有人誇張的比了一個大包包，說「會腫這麼大喲！」

「對，會腫那麼大是因為蚊子和螞蟻把他們身上的一種東西注進去你們的肉肉裡，那種東西叫做『酸』，會讓你們覺得好癢、好癢；如果你想要止癢，就要找『酸』的剋星來幫忙，那個剋星叫做『鹼』，我們的尿尿裡就有很多的『鹼』，塗上去，那個大包包就會消一點，很有學問的人就說『這是酸鹼中和』」。我把「ㄙㄨㄢ ㄐㄧㄢˇ中和」這學術專有名詞的四個字寫在黑板上，加深孩子的印象。

我從來不期待孩子們有立即的學習成效，但如果有一天，孩子又好奇地問：「只有尿尿有鹼嗎？」那正是我開始介紹「PH酸鹼值」的恰當時機，到時候，就是更多化學實驗上場的大好機會，更重要的是「那是基於孩子一份想多探究的好奇心」，而不是因為考試要考，或教科書有寫。

任何知識，都可以教給任何年齡層的孩子。何況這群孩子「自我建構」的學習能力這麼強，我相信他們可以從許多的「你有說過啊！」觸類旁通地建構起屬於自己的一套認知系統，只要抓得住孩子「想學什麼」的關鍵點，充分了解每個孩子不同的「怎麼學」，不要給一些日常生活根本用不上的、不學也無所謂的垃圾教材，孩子不可能會沒有學習的動力。

「自主」來自「被授權」

負責承辦直笛比賽的林組長告訴我：「宋老師，我們的直笛比賽改時間了喔！」

我不好意思地問：「那，原來的比賽時間是什麼時候？」林組長很不可思議的看著我：「下禮拜就要比了耶！您還不曉得啊？」

「是啊！我每次把比賽辦法帶回教室就交給相關的幹部，剩下的就由幹部帶著全班一起討論、一起規劃、一起執行、一起完成，甚至一起檢討。」

一旁的陳老師露出羨慕的眼光說：「喔！我也很想像您一樣丟給學生，可是我們班好像動不起來呀！」

我想，那是因為五孝知道唯有靠「團隊合作」「群策群力」去面對各項活動的準備、協調與折衝，才是真正的「自主學習」。因為五孝早已經認清了：即使問宋老師，也不是輕易就能得到答案。

就像這次直笛比賽一樣。上個月我把比賽辦法交給康樂長，接著就由康樂長上台主持相關的比賽細節，如：比賽曲目、參賽人員、練習時間、要不要有伴奏等，我完全插不上手，只是坐在座位上欣賞他們「一個比賽、各自表述」的對話，也欣賞康樂長如何處理建設性的衝突。

有好一陣子，常在經過五愛的教室時，會聽到整齊悅耳的笛音，但從沒聽過五孝的練習。由於我的專長不在此，不能加強專業指導，也不敢 push 五孝該如何準備，就全權交給音樂老師發落。但每次經過五愛時，我都刻意放慢腳步「偷偷」欣賞滿具水準的演出。

「老師，快要直笛比賽了，可不可以從現在開始，每節課前三分鐘的音樂欣賞時間，讓我們練習直笛？」班長大約在比賽前兩週向我提出上述請求。

「好啊！」我暗自竊喜，終於等到五孝自主的緊張了。

班長向康樂長使了眼色，康樂長立刻在黑板寫上「明天要帶直笛」。我還是不清楚比賽的時程，但又有什麼關係呢？不是有一句話：懶惰媽媽生的孩子比較獨立嗎？**有時候怪學生不能自主，是不是教師該自我檢討「做太多了？」**

終於等到比賽。我向來不在意學生的比賽成績，我在意的是：透過這樣的活動，孩子學到了什麼「情意」課題？可以自在的表達意見嗎？可以欣賞別人的演出嗎？可以策勵自己下一次更精進嗎？

比賽結束，還沒宣布名次，我照例帶著孩子回顧整個直笛比賽的點點滴滴，問孩子，如果讓你來評分，你會把第一名送給哪一班？為什麼？如果他們要代表學校出去比賽，你會建議他們改進哪些？請大家寫出最像專業裁判的評分判決：依序排名列出各班的表演特點及可以再改進的建議。

與評審老師一致的小評審是嘉盈和筱芸：

（嘉盈的評語）

第一名：五年忠班，因為他們吹得很棒，而且他們吹第二首時，還有一個女生拿著沙鈴在配樂，不過他們在吹〈龍的傳人〉那首歌時，他們都吹第一部，幾乎沒有人在吹第二部。

第二名：五年愛班，因為他們吹得很整齊，不會很亂，不過他們有些人都沒有吹，所以笛子的聲音有點小。

第三名：五年孝班，因為我們吹得還不錯，大家都很配合，不過吹得有點亂，也許要再加強〈龍的傳人〉。

第四名：五年仁班，因為他們剛進場時，鞋子的腳步聲音太大聲，而且全班一起進場，看起來很亂，這是要加強的，他們吹的還不錯，不會很亂，如果他們進場時沒有那麼糟，也不會第四名。

（筱芸的評語）

第一名：五忠，因為他們吹得很棒，節拍都沒有一下快一下慢唷，而且他們還有用罐子呢！我建議他們吹〈龍的傳人〉時，第二部不要越吹越小聲。

第二名：五愛，因為出場很整齊，直笛聲吹得很響亮，而且吹得又好聽，我要建議上臺身體不要亂晃。

第三名：五孝，因為出場時，整齊又安靜，上台立正敬禮動作也很迅速，我建議我們班，吹的時候要整齊。

第四名：五仁，因為他們上台扭扭捏捏，看起來很沒有精神，我建議他們要有團隊精神。

評論得最專業的小評審是元培：

第一名：五忠，因為他們班吹〈龍的傳人〉時有伴奏，沙沙沙的好聽極了，而且二部也合得超棒，根本是「無懈可擊」！

第二名：五孝，雖然我們〈龍的傳人〉合音合得不好，〈歡樂年華〉吹的快又好聽，也沒有走音，可是我們要改進，如果吹太快也會有人跟不上。

第三名：五愛，他們吹得不錯，可惜的是愈吹愈快，我都聽到有人跟不上，還看到有人吹到沒氣了。

第四名：五仁，雖然這樣形容有點過分，可是這是事實，吹得「五音不全」難聽死了，音都一個一個斷掉。

最稱得上是五孝死忠愛護者的小評審是立為：

第一名：五忠，因為他們吹直笛跟其他三班完全不同的風格，他們吹的時候，有人拿鐵罐（裡面裝綠豆）照著旋律搖，聽起來很美妙；但上臺腳步聲要再輕一點。

第二名：五孝，因為我們平日的練習，及我對自己很有自信，所以我覺得我們班沒有第一，也有第二；〈歡樂年華〉吹第二遍的時候，音有點亂。

第三名：五愛，他們吹的曲子跟我們（五孝）一樣，可是我就是覺得差了我們一點；上臺時，還有些人在臺上嘻嘻哈哈。

第四名：五仁，他們吹的音律事實上很好，可是就是有些人吹直笛的時候，身體搖搖晃晃，有些人還在臺上嘻嘻哈哈。

給孩子「創新」的機會，意味著相信孩子的能力足以被激發；給孩子「自主」的空間，意味著大人要懂得放手。在授權、在等待的時間中，大人的確要經得起孩子無所謂、甚至暫時脫軌的試煉，熬過去了，就能享受到像五孝這次直笛比賽「自主學習」的歡樂果實。歡樂不在名次，而是在孩子們認真打了一場「全員參與」的團隊賽。

老師跟你商量一件事！

「老師跟你商量一件事！」是今年度回歸「對話精神」的班級經營過程中，我最常說的一句話。

開學第三天，我觀察出小佑自己選的座位很不適合，於是我找了雅婷來商量：「雅婷，老師跟你商量一件事：小佑從仁班轉到我們孝班，有許多學習習慣及作業格式都不一樣，老師恐怕得隨時指導他，升上六年級的這幾天，我發現你進步好多，上課認真聽講，已經有自主學習的能力，坐在最後一排應該沒有問題，所以，老師想請你和小佑換位置，讓小佑比較靠近老師，老師可以立刻指點他。」

雅婷欣然答應，並且在下一個下課時間就主動去找了小佑換妥位置。說實在，我到現在還不知道雅婷是怎麼跟小佑說的，也不知道在仁班一向叛逆的小佑，怎麼會輕易就拎著書包換到比較陌生的同學身旁安然坐下？

「瑩瑩，老師想拜託你一件事！」開學當天，我為了小佑第一天來到孝班，向瑩瑩提出的要求：「我看全班只有你最讓小佑信賴哦！剛剛選坐位時，我看到你親切的招呼小佑坐你旁邊，老師看了好感動！謝謝你的細心，希望你也可以帶動其他同學接納小佑，一起幫助小佑改正以前的不良行為，好不好？」

瑩瑩聽到我的讚美與感激，黝黑的臉龐笑得好燦爛！我接著補述了我的擔憂：「不過，剛剛那節課我發現你和小佑一直交頭接耳的……」瑩瑩緊張打斷我：「因為小佑聽不懂老師在說什麼，就一直問我。」「那會不會害你也沒聽到老師宣布的事情呀？」我突然驚覺到自己錯怪瑩瑩後的心虛。

「喔！以後我會叫小佑等老師說完再問我。」這是瑩瑩當下能想出的解決之道。真的能解決嗎？對一個疑似妥瑞症，並伴隨「注意力不足過動症候」的小佑來說，「要忍住心中的疑惑，待到下課才問」是多麼艱苦！更何況他會想探求真知，一反過去在仁班大聲咆哮「不懂啦！」或乾脆當個教室的客人，現在這等輕聲細語地詢問鄰座「老師說什麼呀！」不是值得被鼓勵一番嗎？

「懿菁，對不起！要調整小佑坐到你旁邊，老師忘了應該先徵求你的同意。」懿菁搖搖頭，送我一個「算了，原諒你！」的笑容。「可是，我發現你會指第幾行給小佑看，會提醒小佑拿出課本，還會教小佑抄我們的聯絡簿方式，老師覺得你好有愛心喔！」懿菁還是笑笑，不過這次好似在告訴我「那沒什麼啦！」也彷彿在安慰老師「不必放在心上啦！」

一個承諾就是一份承擔！當初莫名其妙的使命感答應讓小佑換個學習環境來孝班試讀看看，陳老師和我都發現：仁班少了小佑後，集體起哄的班級亂象少了許多；孝班大概成員比較安分，並沒有因小佑衝動性格而有太大動盪。於是行政部門在暑假破例同意這學期將小佑學籍整個更動到孝班，小佑正式加入六年孝班，對我其實是莫大的挑戰！

三週後，懿菁委屈地來找我。「老師，我不要坐在小佑旁邊。」「為什麼？」「小佑常常捏我！」我為自己活在天真的「以為從此過著幸福美滿的生活」，卻少了對懿菁的關懷而自責，竟把懿菁對小佑的包容視為當然，也忽略了小佑血液中「得寸進尺」的因子。

「懿菁，對不起！老師疏忽了對你的關照，現在老師要怎麼做呢？是把小佑換走？還是你要換位置？」

「我已經跟承律商量好了，她說要和我換位置！」

哇！孩子們什麼時候也都學會了「商量」的解決辦法，而且總在告知我之前就都「搞」定了。看來我這個級任老師很快就會被架空了！

活得快樂

六年級教學群很在意我們的學生能否樂觀學習？所以，這學期國語文我們選擇從南一版國語課本的第八課「活得快樂」切入，期待正步入青春期的六年級孩子能在我們回歸對話精神的「尊重」與「接納」中，學習樂觀的自我肯定，並活得自在愜意。

如同課文第一段開宗明義所言：「你的身體健康嗎？你用樂觀的態度看待事情嗎？你和他人相處融洽嗎？也許你從未仔細思考過這些問題的重要性，但他們卻是影響你的生活品質，決定你活得是否快樂的關鍵。」

「健康的身體」「樂觀的態度」「融洽的人際」確實是一個人能否活得快樂的重要因素。其中，尤以「樂觀的態度」影響我最巨，課文又說到：

「一般來說，總是負面看待事情，遇到問題就憂心忡忡的人，容易情緒低落；而習慣正向思考，性情積極樂觀的人，生活會比較快樂。可見對事情的看法和態度，會直接影響人的情緒和行為。『當一天和尚敲一天鐘』是大家耳熟能詳的話，但同樣是敲鐘，有人愁眉苦臉，敲得零零落落，還頻頻出差錯，如此，豈不白費力氣？何不樂觀的把鐘敲得又響又亮？只要轉個念頭，生活自然快樂多了。」

真的！一樣是敲「作育英才」的鐘，有人愉快地敲得鏗鏘有力，有人整天意興闌珊地敲，甚至頻頻敲錯，讓家長、孩子苦不堪言。

我極好奇：在孩子心目中，我是怎麼樣的一個老師？卻又不便以「封閉性」的問題明問：「你們覺得宋老師快不快樂？」於是，我請孩子們用推薦的方式，分別舉出他們所認識的老師中，誰最快樂？誰最不快樂？也舉出同學中，最快樂和最不快樂的各五名，而且還要一一闡述理由。

果然孩子的眼睛是雪亮的，不因他們都能看出宋老師的快樂，而因他們真實的點出平日同事相處，我也心有戚戚焉的「看見」哪些同事的悲觀情愁、哪些同事的悶悶不樂：

一、六年信班推薦最快樂的老師

宋慧慈老師，原因：

紫菱：宋老師的教學方式讓人很快樂，老師應該也很快樂吧！

謹安：老師她常眉開眼笑的，看起來一點也沒發生什麼不愉快的事，還有只要有任何問題，她都會以樂觀的態度來解決，所以她應該是最快樂的老師。

珮涵：無論遇到任何事情，都樂觀面對，即使遇到挫折會非常不開心，但老師會自我反省之後，又像往常一樣「快樂」！

晏儀：我看到宋老師時，她都面帶笑容，時常把不好念頭「轉成」好的。

沈寬：她很幽默，而且很開朗。

章威：說一些話都很好笑。

建宇：她不為任何事亂發脾氣。

珈綺：她在的時候，全班都是笑聲。

鴻偉：她每天都擺著一個笑臉。

俊昌：我天天都看到她很開心的笑容。

怡靖：上課常跟我們說笑話，逗大家高興。

鈺堂：她常在上課時為班上帶來笑聲。

簡慈：她什麼事都看得很開，而且她知道很多可以讓人樂觀的方法。

之柔：她每天到學校的時候都是面帶微笑，除了有一次為了他們家的狗狗「紅茶」一直哭。

承佑：宋老師每天來學校都面帶笑容。

育新：老師教到我們這一班應該很快樂。

雅萱：總是用樂觀的態度來看待事情。

秦卉：她都用樂觀的角度看事情。

柏昕：天天都很開心。

綺纓：她總是笑嘻嘻的。

宜謙：每天都有很多的「笑臉」。

關於其他老師的推薦：

蔡主任每天都很開心的跟我打招呼。**孟君老師**每天帶著微笑。**智雯老師**剛生完baby，很開心。**誌平老師**時常逗學生笑。**孟儒老師**每天都笑容滿面，很多人喜歡跟她聊天。**淑芳老師**時常面帶微笑。**素言老師**平常眉開眼笑。**素言老師**每次都笑臉迎人。

二、六年信班推薦最「不」快樂的老師

A老師老在打掃同學們旁邊一直罵個不停，說他們都沒有做，但他們真的有做，感覺好像是A老師的出氣筒，害得很多人打掃回來時，常帶著一副「臭臉」和「哭臉」；

A老師每天都擺著臭臉，然後每次跟他打招呼，他都不理人；

很多學生很討厭他；

滿多人不喜歡A老師，而且他自己也不太常笑；

他常常被小朋友欺負；

他上本土課時都很生氣；

常常大聲罵人；

沒有一個學生不討厭他；

他常常在生氣。

B老師在上課時，只要學生一吵鬧，她就會覺得自己「教學失敗」，而且學生在她上課時，特別愛吵鬧。

C主任表情都很嚴肅；常以嚴厲的口氣來責罵學生，學生就更加討厭他，還有很重的疑心病，時常看到他一臉怒氣；

D老師連我們自然考試考得不好也要生氣；

E老師之前教的是很頑皮的一年級；

F老師常對別人發脾氣，常常聽到他在罵人；

G老師罵人好大聲，每天上課也都很大聲；

H老師的學生都不太聽她的話；

I老師的學生都不好教（如六愛）；

J老師有事沒事都擺著一副臭臉；

K老師的笑容讓人感覺很假；

L老師對人家的招呼都沒有什麼笑容；

M老師常被六孝同學惹惱生氣；

教高年級的老師常常因學生闖禍而生氣；

一些退休的老師因為看不到可愛的學生而不快樂。

唉呀！真是有趣得不得了。對小學生來說，「經常面帶笑容」竟然就是快樂的老師，而且也會是受歡迎的老師。其實「面帶笑容」很簡單的，不是嗎？願看到這篇孩子心聲分享的老師們，都能下定決心：無論發生什麼事，都要「天天笑臉迎孩子」！因為沒有快樂的老師，就不可能有快樂的學生啊！

一個巴掌拍不響

「**一個巴掌拍不響，好球壞球多思量。**」是去年我領著三年愛班進行「每週一佳句，學習真有趣！」品格教育對話教學時，最具影響力的一句話，與我〈與過動兒「快樂」共舞〉的演講內容，有異曲同工之妙。我總是引導孩子「接納」已經存在的「同儕異質」的事實，也學著「面對」同儕異質所帶來的諸多衝擊，更重要的，還是要回歸到「自己的決定」——我要讓過動兒挑釁成功嗎？

今天下午，阿憲汗流浹背、卻仍是一貫的正氣凜然，上氣不接下氣地衝到我面前：「老師，阿哲被一個大哥哥打。」我的餘光瞥見阿哲猶有不甘地踏進教室，再一聽尾隨著阿哲搖旗吶喊的同學叫出「那」大哥哥的名字，我對這件衝突的始末，雖不敢說「了然於心」，但也可以猜個八九不離十。儘管「那尾」孫老大，是竹林校園出了名的「暴力」過動分子，不過，我「手底下」這個阿哲，可也不是什麼省油的燈，所以，事情絕不會是阿亮怒氣沖沖所言：「阿哲又沒怎樣，那大哥哥就壓著阿哲一直打、一直打！」

看著一觸即發的同仇敵愾氣氛，我屏住呼吸，想讓教室「稍」安勿躁，免得下一堂體育課打躲避球真會打出人命。

「我們來猜猜看，為什麼那個大哥哥要打我們班的阿哲？」

「那個大哥哥本來就很暴力！」基於過去印象，阿亮很快就下了論斷，然後帶動起盲目的群眾，同聲譴責大哥哥的暴力行徑。

「喔！這是阿亮個人的推論，因為阿亮認識的這個大哥哥就是這樣的一個人，是不是？」阿亮露出「被讀懂」的得意神情。

「不過，『現在』，老師要大家回到這個衝突事件，猜猜看，『今天』那個大哥哥是為了什麼原因要打阿哲？」我特別加重「現在」「今天」的語氣，希望孩子丟開過去對這個大哥哥的既定概念，並引導孩子回到「當下」，也就是「此時此刻」，來思考事情的前因後果。因為從過去對孫老大的幾次「衝動輔導」經驗，我知道孫老大「其實」不是會「無端」動手的孩子。

「我們在打球，大哥哥說要玩，我們不想跟他玩，他就來打阿哲。」

我並不認為事情這麼單純。所以我請和這件事有關的人再回想一下，是不是漏了哪一段？

阿憲說：「那個大哥哥拍阿哲手上的球，阿哲就罵他『你拍什麼拍呀？』所以，大哥哥就打阿哲了。」我心裡明白，激怒孫老大動手的導火線，「應該」不會「只是」那麼一句「你拍什麼拍呀？」而已。我轉而問阿哲，「你以前就知道這個大哥哥的暴力衝動嗎？」

阿哲篤定的點點頭。我借用去年「一個巴掌拍不響」的對話提問，和孩子聊「對一個有暴力衝動的人，比較恰當的回應方式有哪些？」

「趕快跑開。」「就和他一起玩咩！」「不要用那種語氣對他說話。」「不要去接別人的一巴掌。」「不要主動丟壞球。」……

慶幸孩子們在短短的討論中，已經可以整理出：阿哲那一句「你拍什麼拍呀？」就是對那個大哥哥拋出的「壞球」，而且，當大哥哥有意揮「一巴掌」的當下，自己也可以選擇要不要「接」那一巴掌。

雖然是「事後諸葛」，期待的卻是：孩子們能學會「識時務者為俊傑」的自保原則。

等到體育課下了課，阿哲把孫老大帶進來四愛教室，孫老大恭恭敬敬問候我，沒想到我一開口「你還記得剛剛打了我們班同學的事嗎？」孫老大眼眶一紅，幾近咆哮吼著：「誰叫他要罵我三字經，而且是罵我媽媽的三字經！」

事情到此很明白了。而這一切，考驗著我的，仍是：回歸對話精神的「接納」胸襟。放走孫老大，我沒有想要以「拆穿謊言」的質問態度面對阿哲，而是寧靜平和的問阿哲兩個問題：「你是不是少說了什麼？」「這件事，你有沒有學到什麼教訓？」

阿哲低下頭說：「我不應該罵三字經。」

「要永遠記住喔！」回應完阿哲，我就讓他回座位，一如往常般的上起有歡笑的課程。

其實，老師也要學習不輕易接孩子的「那一巴掌」。

啟動「全面接納」的班級經營核心動力

透過「全員參與」的團體對話，善巧的引導孩子看到同學「其實不壞，只是……」的背後原因，就可以啟動「全面接納」的班級經營核心動力。

今天下午，我上六年忠班表演藝術課的開場白，我「照例」對孩子們作我個人身心狀況的背景交代：「我現在感覺很累，因為早上哭得很傷心，中午又沒有時間閉目小歇，所以，現在我的精神狀況很差。如果等一下，聽不清楚你們的想法，或回應不了你們的意見，甚至不耐煩了，請大家要原諒老師的體力極限，好嗎？」

不知怎麼的，星期一，總會有許多非預期的突發狀況，需要我這個全國最老的生教組長親自出馬，偏偏我又極容易陷進去對孩子遭遇的「不捨」情緒，總要好一段時間的沉澱，才能「自拔」。所以，對星期一有課的兩班學生真的是很不公平。還好，我的誠實以對，讓孩子清楚老師當下的狀況，也就沒有發生太離譜的師生衝突。

話說這六年忠班，雖然是全六年級最「活動」、最不容易被約束的一班，但對我的種種狀況，每每給予最真誠的關心：「你為什麼哭？被校長罵唷？」

「我早上在處理阿翔被家長告狀的事。」

「家長？是我們班的嗎？」

「不是！是『夜光天使』班。」有些沒跟上時代腳步的孩子，七嘴八舌的探詢著「什麼是夜光天使班？」

「阿翔怎麼了？為什麼那個家長要來告狀？」最會關心阿翔的小黃追著問。

我靈機一動，不如和孩子們來一場猜猜看，也可以當作表演藝術課的下一個單元「戲劇腳本寫作」的暖身。

「讓你們猜猜看，別的家長可能因為什麼事情來學校告阿翔的狀？」

害怕出錯，又超級沒耐性的成成大聲嚷嚷：「你不說，我們哪知道啊？」

「所以才叫『猜』呀！」踩過幾次成成的情緒地雷，我已經得到教訓：沒必要當場糾正他「得理不饒人」的敵意氣勢，更不需理會他「咄咄逼人」的囂張言語。我學會了：只要這孩子至少還有興趣參與課程活動，就可以了。

雖然六年忠班讓許多科任老師傷透腦筋，但在具有挑戰性的提問中，往往也是他們最可取、最能表現團隊凝聚力的時刻。果然「可能的」答案一一出籠：「偷東西」「打人」「語言挑釁」「逃學」……

「逃學」這猜測引起極大的「不以為然」，我立刻拋問：「為什麼有那麼多不認同的聲音？」

「在教室上課，雖然阿翔學不來，他也從來沒離開過教室呀！」「而且，他很少遲到耶！」「對啊！即使科任課，他也都會乖乖的坐在位置上，頂多是趴著睡覺而已。」我真的好欣賞六年忠班可以發出正義之聲。

「好！剩下三個比較可能被告狀的原因，像『偷東西』『打人』『語言挑釁』，你們可不可以說說看，你是基於過去什麼經驗事件，讓你認為會是那個被告狀的原因？」我堅持要孩子說事實，而且是自己「親身經歷」的事實，不是聽誰說的二手傳播。

每一個事實被披露的當下，我都會問「還有誰可以見證這個事件的發生？」這樣的提問，為的是提醒孩子儘量說「公開」的事實，以免因為個人想像或私人恩怨而無的放矢。

如果確有其事，我還會追問：「我們班還有沒有其他同學也會有像阿翔那樣的行為？」目的在讓團體有「共同」的正義，「齊一」的標準，不要因個別差異（如家庭背景、學業成就或人際優劣）而有不平等的評價。但，我不讓孩子說出誰誰誰也會那樣，只是要幫團體釐清：這些行為「並不是」只有阿翔獨有。

六年忠班雖然好辯，又常常理直氣壯，但今天的這場猜猜看遊戲，倒是誠實得可愛極了！沒有我原先擔心的相互告狀，反倒是自我覺察、自我醒悟的一一呼應。也因為這樣的「自覺」，在接下來的「對症下藥」讓我好感動！

我說：「哇！你們的真誠讓老師好感動，我決定要再送你們一堂『比手劃腳』戲劇遊戲。現在請大家利用剩下的三分鐘，用筆告訴我，關於阿翔會用言語挑釁別人，你猜猜看可能的原因是什麼？你想建議老師可以用哪些『有效』的辦法來改正他？當然，你也可以針對『拿東西』或『打人』寫下你對阿翔的觀察與關懷。」（我和孩子取得共識：把「偷」改成「拿」）

同學A

1、言語

原因：可能因為有人先逗他，他不喜歡，所以才會口出惡言吧？

辦法：叫大家不要故意去逗他，並且是真心的和他做朋友，而不是鬧著玩的。

2、拿東西

原因：可能是他沒有那樣東西，但卻想要那個物品。

辦法：溫柔的告訴他拿別人的東西是很不好的。

3、打人

原因：應該是有人逗他或他想引起注意吧？

辦法：告訴他打人是件不好的事，假如是為了交朋友也不可以用這種方式。

同學B

1、原因：可能是他爸爸過世，讓他性格偏激。

辦法：大家慢慢提醒他。

2、原因：自己家庭經濟不好，想要求更好。

辦法：大家把用過的東西送給他。

3、原因：因為他的爸爸過世，心情不好。就覺得大家都很不好。

辦法：老師和大家盡量忍耐，忍耐到不行就告訴老師。

同學C

1、原因：因為他想和我們一樣或想和我們做朋友，但他做法不對。

辦法：可以教他怎麼才能和大家做朋友。

2、原因：因為他覺得那個東西很好，所以就亂拿東西。

辦法：告訴他亂拿東西是不對的。

3、原因：很多人都說他不會亂打人，是因為別人挑釁。

辦法：跟他說不是每件事都能用暴力解決。

同學D

原因：因為他常常聽人家的話，聽到一半就不聽了，會誤會人家的意思，以為人家在挑釁他，所以就會反擊回去。

辦法：講話時，如果他罵你，先跟他說請他把你的話聽完，如果他不聽，再跟老師講，老師請他說看看別人說了什麼，他說不出來的話，就叫他再聽一遍，要是真的是他錯了，請他道歉。

同學E

1、他沒有爸爸，沒有同學、朋友，以及老師的指導。

2、做錯事我們跟他講，如果他不聽，我們就跟老師講。

3、因為我們先鬧他，他才動手打我們。

我相信「如是認定，如是顯現！」的力量。看來，六年忠班的孩子們都可以看到阿翔不當行為背後的原因：「其實他不壞，只是缺少愛！」從他們提出的策略與辦法，也不難讀出孩子們的慈悲心。接下來的挑戰是：我有信心「放大孩子們的慈悲心」嗎？

答案是肯定的！

看看也同樣有著情緒困擾的六忠QQ寫的：

原因：控制不了自己，別人挑釁他。

辦法：把他的嘴巴摀住，貼膠帶、禁足、捉去輔導室。

叫他賠錢，沒收他的權益。

把膠帶綁在他手上，捉出去。

雖然QQ的辦法都有暴力傾向，但他對阿翔的觀察仍舊是很細膩的。所以，我對於要啟動六年忠班「全面接納」的班級經營核心動力，仍然信心十足，當然，還是要感謝六年忠班級任老師的寬量，率先接納我介入他的班級經營，我才有機會與這一班的孩子連結起更深的師生緣。

教孩子作情緒的主人

教孩子作情緒的主人之前，大人必須先有好的情緒管理的「示範」。

可能是H1N1停課後「集中」補課的壓力，六A的孩子顯得比平日來得焦躁，上起他們的課，我必須花更多的耐心與「忍」功。雖然我可以諒解從一早到校、連上課九節，直到傍晚四點五十分才結束一天的課程，對孩子的壓迫是不人道的，但也只能盡量照顧到孩子的身心靈。所以，屬於體能發洩、創意發想的「輕鬆」學科，就安排在下午的最後八、九節。我是藝術與人文的任課教師，理所當然，「該」由我來承擔這樣的挑戰。對這一個讓全校嘆為觀止的「活動班」，從開學以來，我透過好幾回的「個別對話」，經過好幾次的「各個擊破」，終於撐過最關鍵的「蜜月」期，在結束每一次的課程後，愉快的走回辦公室。每一回達到「各個擊破」效果的「個別對話」，還真得感謝孔老夫子的「因材施教」呢！

個兒長得很「大」的「小」浩浩（塊頭大、心眼兒小），第一次上完課，我告訴他：「老師看到你『垮』著一張臉，是不是因為我上課不精彩，你不喜歡上我的課？」浩浩搖頭說：「我的表情就是這樣！」我問：「你想改善嗎？」浩浩堅定的點頭！所以，我教他回家照鏡子，找到自己也覺得舒服的表情，並且要記住是哪幾條線條的功勞喔。

真神！後來的幾次情緒失控，我只要提醒浩浩「要不要去照鏡子？」他馬上可以調整兇惡的眼神，然後清楚的說出自己「真正」的意圖。更神奇的是，還可以當我的助理，「教」同學轉換表情呢！另一位有亞斯柏格傾向的阿俊，我也在第一次上完課後，對他表達了我的發現：「剛剛的那一節課，我看到你好幾次衝動的發言，我感到很不舒服，我猜，你不喜歡上我的課，所以，故意要干擾我上課，是嗎？」阿俊的反應沒浩浩那麼乾脆，只是眼神飄忽，我卻可以肯定他願意和我多談一些。所以，我很快切入我的意圖：「剛剛的兩節課，我看到你的聰明反應，也看到你無法控制的衝動行為，我懷疑你是不是有過動的情形？」

真不可思議！阿俊不像其他孩子聽到「過動」二字之後的防衛與激動，反而對我透露：「我媽媽已經帶我去看過王心理師，現在在等檢查的報告。」聽阿俊說這段話的那一刻，我有一股想去抱抱他的衝動，而衝動的背後還有滿滿的心疼。我跟阿俊說：「聽到你這麼說，老師放心了！代表家長了解你的困難，也代表你自己想改，對嗎？」

阿俊眼眶泛淚的點頭，一反剛剛課堂上劍拔弩張的氣勢。

「你願意讓老師來協助你控制你的衝動嗎？」阿俊點頭。所以，我們約定用眼神傳達我看到他衝動的不宜，也讓他有時間調整已經「啟動」的衝動。就這麼過了三個多月，中間唯一一次我板起臉孔告訴他：「你今天讓我很失望！」是因為我並不知道他和級任老師的過節還沒消除的後遺症。

還有一位翻臉比翻書還快的臣臣，他可是六A最難搞的頭號人物，有哲學的邏輯，卻伴隨孤傲的言語，往往一開口，就會惹得對方遍體鱗傷，對話關係當然就中斷了。再加上還有特教專業背景的家長介入，要不要處理他的叛逆事件，總是讓許多任課老師傷透腦筋而裹足不前。我和臣臣的家長因為有一段尚稱信賴的交情，所以敢於單刀直入的指正臣臣：「不要只是嘴上功，做一個讓人認為你已經懂事的六年級孩子。」

說也奇怪，「不回應」似乎是適合臣臣的有效策略。好幾次，我忍住不被他的反應挑起情緒，開學兩個月後，我終於決定告訴他：「對於你所說的、所做的，有時候我不會回應，因為我認為你的那些表現很幼稚，不像六年級孩子該有的程度。我不會當場就制止你或馬上就要你道歉，是因為我告訴自己，臣臣還沒長大。但，我的不回應，不代表我認同你可以那麼做唷！」

對於一個好辯成「趣」的孩子，我選擇不和他「核對」我的觀點，只是要他記住：不要敬酒不吃，吃罰酒。

留意這三顆不定時炸彈的引爆點，其他五六個好動的孩子就好處理多了。但是某天下午的非戰之罪，還差一點讓我自己也失控！

孩子真的是上了太長的課了，連領取一包紙黏土的輕微碰觸，都可以演變成「吵群架」。整間教室，嘩啦嘩啦的，活像叫賣廝殺的菜市場的摔角現場。我警覺到自己就快要大吼出來了！

還好，我立刻意識到大人的情緒管理與「身教」的重要影響，轉而先安撫可以「聽得進」我指令、而且願意買我帳的那五六個孩子：「現在都停嘴，吞口水，先不說話，不要再挑起浩浩的情緒。」安安停了，倫倫停了，阿俊看到我暗示的眼神，也識趣的停了，剩下還在喃喃抗議著的臣臣繼續挑釁著，還好，沒多久終於在我「警告」的威嚇眼神下，悻悻然的閉嘴了！剩下浩浩兀自發飆的聲響，也越來越小，最後終於只有紙黏土塑造的工作聲息。

片刻後，我才對著六A全班說明：「浩浩需要在冷靜的空間下，才聽得進大家的想法，所以，我剛剛才會請大家對浩浩先不要有任何回應，謝謝你們懂老師的用心。現在，還有話想說的，請到老師這兒來，才不會影響其他同學的創作靈感。」

結果沒一個孩子理我，個個都逕自陶醉在自己的紙黏土世界裡，連那個最愛無風起浪的臣臣也好似忘了自己剛剛的憤恨難平。不敢想像，如果當時我吼了出來「安靜」「閉嘴」「吵什麼吵」「通通給我站起來」……後果會怎樣？忽然好感謝佛陀適時的敲了我一記：「不可以在孩子面前失控，尤其是為人師者。」

放學後，我摟著比我還高的浩浩，鼓勵他：「要作情緒的主人，不要作情緒的奴隸！」望著他已然聽懂的神情，那一刻的浩浩，真是帥呆了！

如果可以重來

「有錢難買早知道！」是大家耳熟能詳的一句俗話。在我陪伴孩子省思衝突因果的輔導歷程時，經常被我用來引導孩子記取教訓的一句話，是：「喜歡這樣的結局嗎？如果可以重來，會在哪些點上，做哪些修正呢？」

當然，我都會期許自己能「倒空」對案主的成見，也會丟開批判的惡習，更會留意自己的預設立場，並且謹記對話精神強調的「善問、深聽」，鼓勵孩子還原真相，也鼓勵孩子重新看見自己在這件事情上，要負的責任有哪些？可以發揮的影響力又是什麼？

在春夏交替、乍暖還寒的時節，也正是衝動兒、過動兒好發事端的時刻。這個星期，我已經處理了好幾件被同學「挑釁成功」的案例，每天上班前都要禱告：拜託六年級的「大哥大」耐住性子；忍住即將爆發的語氣，不斷的吞口水，希望能提醒擺臭臉的「大姊大」：尊重老師。結束上午的補課，走回辦公室的一路上，邊想著剛剛馴服了兩個大哥大，邊想著對一位大姊大給足面子的感謝，正準備帶著欣慰的心情享用午餐，沒料到一踏進辦公室，黃阿姨立刻高聲催促：「生教組長，外面有學生打架，好像還亮傢伙喔！」

顧不得肚子餓，趕忙快步到穿堂，又是孫老大，不是才剛剛解除了一週的禁足令嗎？再一聽說，和孫老大起衝突的是隔壁班的七俠五義，我知道：是築起「防火牆」的時刻了。

感謝「前」生教組長總是隨時補位，在他陪孫老大還原真相時，讓我先用餐，也盤算著等會兒要如何搭建防火牆。這兩組人馬好像八字不合一般，已經發生過太多次的口語、肢體衝突，勸也勸了，罰也罰了，如今看來，只有「築防火牆」，我這個年老力衰的生教組長，才可以稍微喘口氣。

利用午休時間，我到孫老大班級了解衝突的引爆點，果然是孫老大貧嘴，戲謔隔壁班同學「矮子」，隔壁班的俊哥幫同學回嘴：「你自己也沒多高！」這句話正踩到孫老大的痛點，一拳揮向俊哥，俊哥雖然記取過往的教訓，一直忍住不想惹事端，不過東躲西躲，最後也扭住孫老大的雙手，想讓他停火。

此刻的孫老大開始飆髒話，三字經、五字經全出籠，眼紅得像要把人吞進肚裡般可怕。偏偏這個時候，又來了隔壁班的另一個凶神惡煞豪哥，一句「講髒話了不起喔！」讓孫老大完全失控，回教室書包找了「傢伙」，準備衝向七俠五義。還好，任課老師適時攔住孫老大，同學們也兵分兩路，有到辦公室求救的，有勸孫老大鬆手的。

聽到這兒，我對這個平常上課總是嬉笑怒罵的班級，竟能如此解決糾紛，致上我的感佩；再確認都沒有人看熱鬧、甚至火上加油後，更給了孫老大班上的同學們深深一鞠躬，感謝他們平息了一場後果可能不堪設想的衝突傷害。接著宣布：「孫老大的行動路線管制」，沒想到孫老大完全不敢抗議。

倒是七俠五義對限制他們不得經過孫老大教室走廊的規定，哇哇大叫抗議，直嚷著：「又不是我們的錯！」

我沉住氣讓七俠五義盡情宣洩他們自以為是的冤情，然後問：「喜歡這樣的結局嗎？」在他們紛紛搖頭後，我追問：「那麼，如果這件事可以重來，你還會說那些話，做那些動作嗎？」

在七俠五義不再抗議的眼神中，我讀到他們懂得如何遠離暴力。更祈禱：孩子們都不要發生無法重來、令人遺憾的事端！所以，當七俠五義理直氣「和」的提出質疑「錯的又不是我們，為什麼要處罰我們？」，可以勇敢而平和的說出自己的想法時，是我在這七個孩子身上看到讓我最欣慰的對話成果。

我接納孩子的情緒，試著讓他們理解防火牆的用意不在處罰，而在保護。我說：「如果剛剛不是社會老師立即阻攔，如果孫老大從書包拿出來的不是小小的一支螺絲起子，各位可以想像後果會多可怕嗎？」

看到他們面面相覷，我再說：「你們一定看過新聞報導，有人一失控就亮手槍吧！」他們彷彿懂了。最後我說：「遇到惹不得的人，我們要學習自己轉彎；警覺到別人揮一巴掌了，千萬別去接，正所謂『一個巴掌拍不響』啊！」

留下最後的功課讓孩子回去省思：自己可以選擇，正面衝突後要付的代價，或避開衝突，只不過會被笑「孬種」而已。善問、深聽的有效對話，讓我從孩子的省思中，看到成長的契機。

教室外的對話

房東的對話輔導

都說「提問比給答案重要」，親子對話過程中，更重要的是，父母親要有接納的傾聽耐心，不要輕易被孩子們的衝突激怒，失掉了「有效」提問的智慧。

因為長居海外，透天厝請朋友幫忙照顧，而有了短暫的房東身分。一日，房東我本人心血來潮，煮了四菜一湯，邀房客母子三人共進晚餐。一一上菜的同時，小三和小一兩兄弟為了座位和筷子起衝突，媽媽喝斥：「再吵，就不要吃飯！」

我手握鍋鏟，趕緊接腔：「要吃飯啦！但，兩個人先去客廳靜一下，想吃飯時，再過來！」

等我料理完，走出廚房，看到兩兄弟已經捱到餐桌，哥哥裝了飯，弟弟還眼眶帶淚。

我問：「要先吃飯？還是先處理筷子的紛爭？」兩兄弟都選擇後者。

我再問：「誰可以先把事情經過說一遍？」哥哥舉手說：「因為宋老師要一起吃飯，媽媽要弟弟換位置坐，他不高興，就不給我筷子。」

我問弟弟：「有要補充或更正嗎？」

弟弟先是點頭，接著聲淚俱下控訴哥哥害他受傷。

哥哥搶話辯解，我跟哥哥說：「等一下，還沒輪到你開口！」

我請弟弟深呼吸：「你哭著說話，說得含含糊糊，我很怕聽錯你的意思。我可以等你調整好情緒，再說。」

弟弟果然做了兩次深呼吸後，把自己的心情轉折整理了一番。

我有覺察到媽媽「為難」的情緒，可能認為自己的孩子打擾了房東吧！媽媽一直「叫」弟弟不要哭。

我再一次勸請這位又像學生又像妹妹的房客「不要擔心孩子的衝突」，更不要以為我會不開心。「妳忘了我是『心寧靜教師團』的總團長嗎？」一句話稍稍緩和了媽媽的焦慮。

我請媽媽從旁觀察我如何透過海文溝通模式[1]來和兄弟討論。

先面對哥哥：「我最近發現你真的像哥哥，都可以把媽媽的意思聽進去。知道今天有宋老師一起吃飯，所以要讓出位置，對不對？」哥哥得意的點點頭。

「不過弟弟好像還沒準備好要換位置，對不對？」哥哥含笑點頭。

「下一次弟弟稍微慢一點動作，你可以多說明一些嗎？」

我瞄到弟弟止住哭了。

「現在我們來演練一遍。」兄弟都笑了。

我指著一桌菜餚說：「快一點！不然我的好料就涼掉了。」

在嘻嘻哈哈中，哥哥說了：「今天宋老師要一起吃飯，你可以換到那個位置嗎？」

哥哥指向餐桌的另一角。

我跟弟弟核對：「哥哥這麼說，你懂了嗎？」弟弟點頭。

「換到那個位置，你可以嗎？」弟弟再點頭。

接著，我得處理弟弟的眼淚。

「底迪，我猜你哭並不是因為不想換位置，對嗎？」

「你現在要不要說說看為什麼哭？」

弟弟聲音很平和的說：「我和哥哥都去拿筷子，哥哥撞到我了。」

完全沒料到哥哥會脫稿演出。過去的哥哥聽到弟弟的指控（其實是說事實），他必定扯開喉嚨先找理由為自己辯護。這會兒，他居然立馬道歉：「對不起，我是不小心的。」這下，害房東接不下話了！

不到十分鐘，兩兄弟破涕為笑，「偽」祖孫三代終結整桌菜餚。

1 「海文溝通模式」的學理，我個人運用在「輔導諮詢」對話上的三步驟是：列舉事實（我看到、我聽到）、說感覺（我很擔心、我很生氣、我不舒服）、跟對方核對自己的「猜想」「認為」。

教室外的對話

美髮院奇緣

職業病，真的很要命！

外子離世後，我換了一家美髮院。所以，跟這家美髮師有四年多的默契。美髮師是一位對待客人很善良、很溫柔的老闆娘。認識她四年了，我很喜歡她。可是這四年來，從她兒子讀小班，一直到現在要升小二，總在她言談間，感覺到「作為一個媽媽的教養壓力」。

美髮師好幾次對我稱讚孩子遇到的老師都是好老師，但，我聽起來，孩子老師的標準是比較高的，讓美髮師有很強的壓力；又因為孩子的老師進度教得很快，美髮師不得不利用暑假，先帶孩子起跑：她要求孩子要在開學前，把二上的國語，每一課都要背好，而且會寫語詞。

有一天，我一進到美髮院，就感覺到母子間的拉扯，我雖然心疼小二的孩子要做

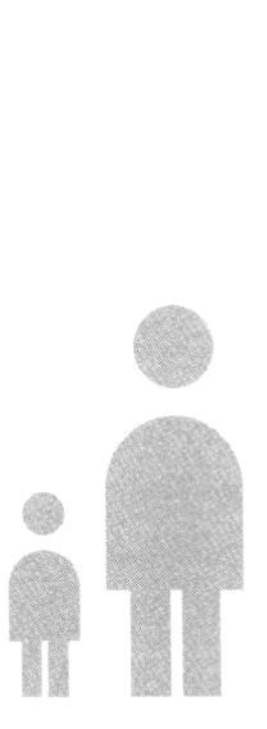

這麼無聊的事，卻也能理解媽媽所背負的壓力。颱風天，兒子沒有去安親班，所以，我比較完整的看到美髮師是怎麼在跟孩子互動，她總是威嚇兒子：「你再不專心，我就拿水管了喔！」

於是我就雞婆的介入了。

我想跟美髮師分享的理念是：「如何把學習的工作還給孩子，讓孩子學得比較快樂一點。」

我跟小男孩說：「弟弟，我剛從非洲回來喔！我們非洲小朋友跟你一樣寫功課都好快喔！來，你可不可以跟宋老師說，你一遍的語詞要寫多久？」

他說：「十分鐘。」

我說：「好，那宋老師幫你計時。」然後，他就開始寫了。

過程中，美髮師還去提醒兒子「要專心」。我請美髮師「不要介入」。

六分鐘後，小男孩就寫完了。

我以非常訝異的神情告訴小男孩：「你跟我們非洲的小朋友一樣快耶！」然後，我自作主張讓他休息一會，再寫第二遍。

我說：「你告訴老師，你需要休息多久？」

他說：「十分鐘。」

我說：「太棒了！休息十分鐘就夠了。你會自己回來？還是我要去叫你？」

他答應我會自己回來。

我再度驚訝的跟他說：「你跟我們非洲的小孩一樣棒！都知道上課了就要進教室。」

十三分鐘之後，他還沒有進來，我請美髮師去叫他兒子，但我提醒美髮師：不用翻舊帳，只要講「你忘記時間了」這個事實就可以了。

小男孩回來後，我問他：「現在要寫第二遍了嗎？」

他點點頭！

我再問：「那這一遍需要多久時間？」

男孩請他媽媽回答，媽媽要他自己說。

我說：「那我幫你說好了，二十分鐘好不好？」小弟弟搖搖頭。

我又問：「十分鐘好不好？」小弟弟又搖搖頭。

我再問：「那究竟要多久？」

他居然說：「六分鐘。」

看！孩子自己都知道要長進的。第二遍，果然在六分鐘不到的時間內，就寫完了。

*

沖頭髮時，美髮師問我：「您以前教書，會叫學生背課文嗎？」

我說：「會啊！但我不會要求背整課，我會選孩子比較有興趣或者可以應用的段落來背。」

美髮師又問：「您的學生都背得起來嗎？」

我說：「我不會讓孩子死背強記。我總是透過很多的提問、討論，甚至於畫畫和演戲，讓學生對課文的內容熟悉後，再分段落的集體創作出重點是什麼。最重要的，我不會要求孩子『一字不漏』的照著課文念、背。」

我猜，對於不是教育專業背景的美髮師，我這段教學策略，她可能只是聽來覺得很有趣，真正的用法，就在我再坐回椅子的時候，示範給美髮師看。

雖然剛剛沖頭髮時，已經先告知小男孩：「準備好，就來背給我聽。」但小男孩不是很有把握。

我鼓勵他：「沒關係！你就把課本帶著，忘記了，就看一下課本。」

小男孩終於來到沖水區旁邊，感覺沒看幾次課本，他就背完了。

然後，我謝謝他：「你教會我這個課文在講些什麼。」

＊

那篇課文是某版本教科書的二上第四課，題目〈沒有文字以前〉，課文說的是「象形字」的概念。講古時候的人要畫太陽，會先畫一個圓圈，然後演變成「日」；看到彎彎的月亮，會寫一個「月」；畫三個尖尖的，表示「山」。

美髮師在幫我護髮時，我叫小男孩拿紙筆來，我把日、月、山的演化過程，清楚的一步一步畫給他看。小男孩恍然大悟。我又畫了「火」和「水」，讓他知道文字的演變是怎麼一回事。

其實我的教學理念始終很簡單，就是這句：「提問比給答案更重要！」如果老師能夠透過「有層次的提問」，教學一定更有深度，孩子不是靠死背硬記，當然學習就更快樂囉！

「易子而教」，固然古有明訓，如果家長能夠相信孩子做得到，而願意把學習的決定權還給孩子，親子的對話，不但會少一些拉扯，也一定會更愉悅。當然，要把「學習的主動權」交給孩子，免不了家長的心臟負荷要經得起考驗。「為什麼學？」「要怎麼學才快樂？」是家長能否把學習權交給孩子的兩大關鍵。

「我在乎孩子學習快樂嗎？」「我是為了自己的擔憂（面子）而強迫孩子學習嗎？」可以給正面臨和孩子處在「要不要學」親子教養拔河辛苦的家長參考。

我最後送給美髮師一句話：妳自己先放輕鬆一些，和兒子的對話，少一些命令，多一些提問，當然要尊重孩子的選擇喔！

緬甸篇

在緬甸弄曼沙彌學院的行腳

「是怎樣的業力」，或問「是幾世的因緣」，我會和緬甸的小沙彌有了這一世的海外師生緣。

在我準備退休那段日子，常有私立學校和社福機構邀請我前去支援教學或組織管理，外子慎重的表明了他的提醒：以妳的責任感，千千萬萬別答應「朝九晚五」的工作，就單純以「顧問」的志工身分參與就好。而事實也證明了，光是台灣島內的「顧問」和「志工」角色行程，就已經讓我退休的前五年夠忙的了。

退休後的第五年，在外子好似「抗癌有成」的狀況下，我們夫妻倆歡喜領受靈鷲山教團的邀請：在心道師父的故鄉——緬甸臘戌籌辦一所沙彌學院。外子在感恩「撿回一條命」的生命景況中，發願要為佛教貢獻餘生。也欣然地接受靈鷲山教團委任「教育委員會主任委員」的重責，積極地為海外創校而努力著。

九月初，衡量外子動大刀的傷口剛復原，不宜搭機遠行，便由我代表教育委員會隨建設團隊先行探勘即將設校辦學的臘戌玉米田荒地。初次造訪緬甸五天四夜後，我帶回給外子「將有事業第二春」的興奮訊息，也在心道師父「心和平，世界就和平了」的佛心感召中，我們夫妻認真的構思著「有願景的沙彌學院——世界和平大學習」該如何開展。

世事難料。九月二十四日，外子在例行性的回診中，發現了兩顆兩公分大的復發腫瘤。接下來的日子，當然以積極抗癌為首要目標。無奈再次動刀後，老天依舊沒有圓滿外子「為心道師父回鄉創校」的宏願，獨留我日夜思索著關於靈鷲山教團在緬甸創校的多元發展。

喪偶，需要多麼大的堅強毅力，才能繼續往前走？沒有身歷其境的人，難能體會一二。為此，我非常感恩有這麼一件「海外創校」的殊勝任務，撐著我走過失親的哀痛，更感恩有一群海外大小出家人，陪著我跨越無依的孤獨。

招生順利，開學有望後，心道師父依寺院的組織需求，重新授予了我新的職務「教育特別行政顧問」。在這個可大可小的頭銜下，我幾乎是拚了老命在圓滿心道師父常勉勵信眾的兩句話「生命服務生命，生命奉獻生命」。這絕對是一份可以告慰外子在天之靈的生命功德。

*

二〇一五年八月，教育委員會的顧問們出發，實地踏查「如何為弄曼沙彌學院」

招生。我們的沙彌學院要蓋在「弄曼」農場，外子生前詮釋得極好：「日子，就是要弄慢一點呀！」

第一次的顧問團出訪，我們進住仰光最新的酒店。我靠寧靜深呼吸，先釋放旅途的疲憊，恢復清明的思維，趁晚上教育顧問到「大金塔」旅遊勝地觀光的兩個小時，我獨自訪問當地比丘關於來緬甸設校辦學的眉角。清楚意識到：必須要有「國情不同」和「文化差異」的辦學考量。

幾天的寺院訪查，面臨設校的狀況百出，是菩薩的考驗「魔不來，願力不增！」顧問團隨時開會，隨時應變，隨時見招拆招；我也隨時在心裡問著：「如果外子還在，他會怎麼說？怎麼辦？」還好一路都有貴人相隨。面對人生地不熟的焦慮，緬甸當地護法會大大消解了我們的恐慌。

第三天下午，我們請A寺院住持（當地尊稱「澎澎」）把六到九歲的沙彌召集起來，由我介紹將在緬北臘戍開辦的弄曼沙彌學院的辦學特色與學習內容，並帶他們玩了簡易的團康活動，然後，問誰有意願來讀我們的沙彌學院？

九成九都畫圈表示期待明年的轉學，澎澎說會全力支持我們創辦沙彌學院，還說如果轉學的沙彌不受教，可以退還給他。不過，這明顯違反了台灣在推動融合教育的最高指導原則「全面接納」。

第四天下午，顧問團又見了另一寺院B的一百位小沙彌，其中三十三位是四年級生，若隔年轉學到弄曼學院，已經是五年級了，不在此次的規劃中，我們只好請他們

回原班教室上課。而其中一位剛出家的五歲沙彌，手腳笨拙的穿不好袈裟，立刻有一位高他兩級的沙彌師兄，主動起身出列為他示範打理。好溫馨呀！

回想起前一天下午在仰光市郊外的A寺院，也有同樣溫馨的一幕。郊外寺院的主客觀條件相對貧乏，還不會自行穿袈裟的四歲小沙彌，身上的白襯衫髒到令人不忍，一位三年級生發現他的襯衫扣子上下不對扣，態度非常和善的為他一扣一扣的解開，然後整了整領子，讓襯衫的左右一般高，再一扣一扣的扣好，最後拉拉兩側衣角，示意OK啦……我看得眼角都濕了。

從建設委員會接下校舍的一整天，我說最多的是「謝謝」二字，謝謝師父，謝謝教團，謝謝工程顧問公司，謝謝緬甸承包商……每一次的感謝，都引我鼻酸，因為太感動了！對緬甸建築業界而言，這根本是不可能的任務。每個參與的個體，都以「無分別」的精神，在為自己的生命留下歷史定位。

外子曾說過：「有意義的事情，自然會把眾多善緣聚集在一起！」所以，做就對啦！

開學前的招生參訪

開學前的師培課程很緊湊。

一天早上，我先請八位老師說說前一天到兩個寺院施測後的心得。老師們的共同發現是，恐怕沒有辦法用同樣的教材，教同一班級的所有沙彌，因為個別差異太大。經過分項評估，最後把前一天施測的三十七位沙彌分成一年級二十五位（含四位需要個別輔導）和二年級十二位（其中一位有較好潛能，可以加深加廣）。

我問老師們：「可不可能沙彌的某個科目很好，但某個科目學得很困難？」大家都表認同。

接著，我要每一位老師說說自己的強項學科和學得最辛苦的科目，也鼓勵他們用自己最感困難的學習心情，來感同身受沙彌「學不來」的焦慮與挫敗，我適時的跟老師們介紹，學習障礙的簡稱是「L.D.」，一般說成 Learning Disability，但我隨著外子學習到的是 Learning Different。所以，我們得為沙彌的不同學習方式，研發不同的教學方法，製作不同的學習教具。

一小段的休息時間後，我繼續帶領老師回顧上週四試教二十分鐘的三項作業：

一、最欣賞自己教學的哪一部分？

「活潑、認真且開心的教學」「能問出好問題」「畫出地圖輔助教學」「摘錄學習重點、英語發音很標準」。

二、真正面對沙彌的實戰教學，需要調整哪些狀況？

「音量要再大一些」「不要緊張」「聲音不要顫抖」「不要自問自答」「不要自言自語」「要多一些師生互動，要記得摘錄要點並複習」。

三、讓自己最讚嘆的教學者是哪一位？想學習他（她）的什麼教學特色？

「翁乃推」得到最高的七票！七位老師看到他的教學特色是：有步驟、又幽默；有很豐富的肢體語言；表達清楚、不會吞吞吐吐、能吸引學生的專注力；善巧的拿樹葉來教數數、還讓學生一個個上台演練；整堂課說說笑笑、傳遞好多快樂；師生好像手牽著手在學習；不只是一堂數學課，更像一堂戲劇課。

我個人評價最高的，也是他。翁乃推原是男老師備取的第一名，因為正取第一名的老師沒通過健康檢查而遞補了他，沒想到他是最具教學特色的一位。想到前一天他在苗瑪寺院自然的趴到地上，抓起失學的一位沙彌的手練習寫緬文的感人畫面，真是要振奮的感謝這段遞補的因緣。

「我想要寫作業」

「我想要寫作業」是這群孩子的共同聲音。

這是C組，從五歲到十二歲，都很聰明，但還不會寫字。十分鐘前，A組（曾上過學，也能認讀的孩子，大約是緬甸小二到小四年級的程度）的男老師，領著十二歲的「埃水」來請求我先將他安置在C組，因為A組老師經過這兩天的評估，發現他能聽，能讀，但是不會寫，所以希望他來C組從最基礎的寫字學習起。

我握著埃水的雙手，透過翻譯告訴他：「從我認識你的那一天，我就知道你很聰明！我們先來C組學習寫字，等你能把想說的話寫出來，就可以回到A組。」

我說得很心虛，很怕傷到孩子「被降級」的自尊心。可是，埃水似乎一點都不介意從A組被換到C組。

下課十分鐘，埃水歡喜的拿著A組的課本教其他C組孩子念書，好感動於埃水的自在學習，更感動於老師的識別能力。

其實孩子的生命韌性，比我預期的強好多！

一起吃荔枝

今年臘戌的雨季提早了一個月到來，先搬進農場的這一群沙彌，幾乎無處可遊玩！還好，靠他們最純真的創造力，研發了好玩的荔枝小陀螺。

為了吃荔枝，我臨時加了一堂衛教課：「指甲剪乾淨了嗎？」

我問大家：「吃過荔枝沒？荔枝要怎麼吃？」「如果你的指甲不乾淨，剝了荔枝的殼，也就把指甲上的細菌一起吃進肚子裡了。」我的恐嚇功夫一流，好多孩子馬上舉手，承認自己的指甲好髒耶！

組長把組內指甲需要剪的沙彌一一請起立。看著緊急買回來的十把指甲剪，我問組長：「你放心把它交給你們那一組的誰呢？」

確定了每組兩位可以幫別人剪指甲的沙彌後，我說：「來，剪好指甲，吃完荔枝，就有遊戲可以玩喔！」

剪指甲的溫馨畫面讓我感動。「信賴」是出家師兄弟間最重要的關係資產，願意信賴別人，也珍惜自己被別人信賴。

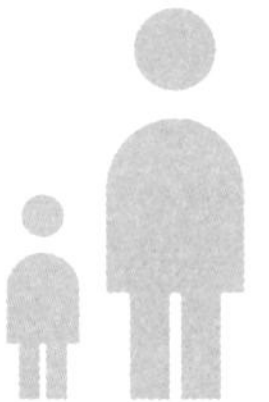

指甲乾淨了，一起到餐廳安心的吃荔枝吧！

我問大家要怎麼分這一大盤荔枝呢？十五歲的塞班說如果分不公平，就給年紀最小的吧！

在這兒，看不到大欺小的狀況，沙彌們自動的一盤裝荔枝殼，一盤裝荔枝子兒，好喜歡看到他們可以自己討論出解決問題的辦法。

我請身高最高的沙彌端著該組的荔枝子兒去沖洗。回到上課的教室，我宣布下午要玩這些荔枝子兒，問他們能想得出有哪些玩法呢？

原始的構想是來自上週第一次讓他們吃荔枝，順便教了他們要讓手和指甲隨時保持在最衛生清潔的狀態。當時，只是想把荔枝子兒收集起來，也許當彈珠玩吧！沒想到第一次他們除了彈，還可以像玩沙包一樣的發展出好幾種玩法。當中有些孩子把它當陀螺轉，漸漸的，我發現他們會把荔枝子兒反過來轉，然後再看到有人不曉得去哪裡撿了小樹枝當支桿，再看到他們會剝掉（咬掉）荔枝子兒上半部，讓平衡感更好，然後又見到有人剝掉荔枝子兒的尖端，好讓它轉得更久。

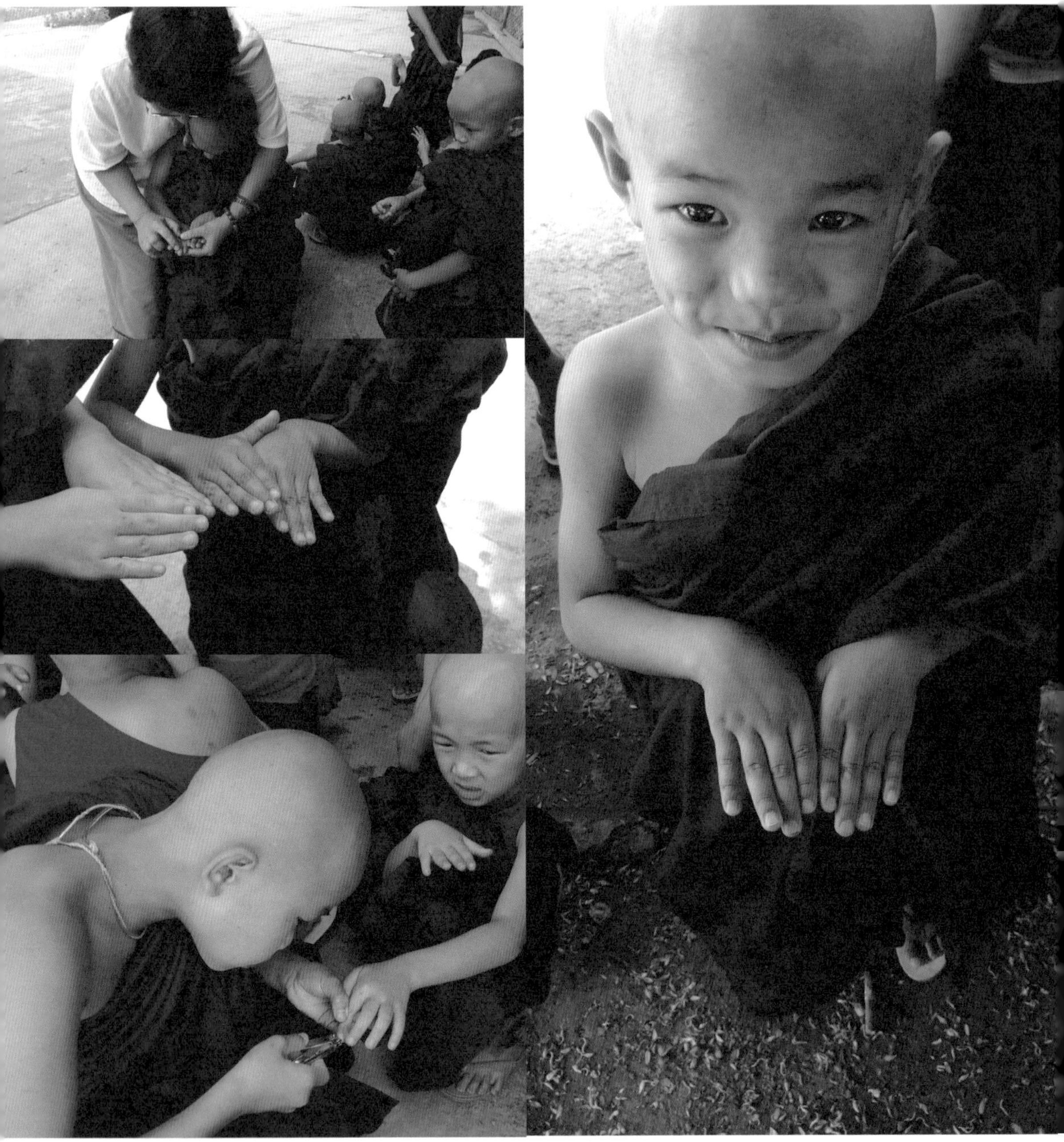

指甲剪乾淨了嗎？「來，我幫你剪！」

孩子的創意，研發了好多荔枝子的新玩法

看著沙彌們一路的相互激盪出創意，真的好有成就感啊！

但因為剝、咬荔枝子兒的屑屑造成了場地的髒亂，集合後，我跟他們說：「我很喜歡你們的創意，可是請你們看看我們現在的場地好髒呀！」

細心的孩子做出「掃地」的動作，我也做了「沒掃把」的動作回應，同時，透過翻譯告訴他們：「這樣吧，在我數到一百以前，大家同心協力來把場地撿乾淨。」沙彌們的躍躍欲試，讓我知道「孩子是可以教育的」。果然！我才數不到五十，整個場地猶如大掃除過一般了！

「能動能靜的解決生活問題」，是這群第一屆沙彌讓我感到最驕傲的特質。

心和平，世界就和平；心寧靜，關係就寧靜

其他學校會出現的管教需求，弄曼沙彌學院也都會有。所有孩子會發生的團體學習困擾，大善園寺的孩子也都會發生。

昨天一早，我站在三叉路口，對著從寮房要走向教室的孩子一一問早，訓練他們可以回應「宋老師早」。有一位在我心目中，品學皆一等一的三年級沙彌「波卡」低著頭，毫無反應的快步走向教室，即使我再叫一聲他的名字，他仍然頭也不回就上樓去了。

我知道有事情發生，便請了能翻譯的女老師把波卡一起帶到辦公室來。

波卡一進辦公室，我問他：「你今天早上好像心情不太對勁喔！」

他立刻流下眼淚。我問他：「身體不舒服嗎？」他搖頭。我再問：「想家嗎？」他也搖頭。然後我問：「你願意告訴宋老師嗎？」他點點頭，但哭得更委屈。

感謝女老師的翻譯，我把聽到的重點整理了一下，並和波卡核對我有沒有聽錯？他點頭，表示我都聽對了。

我問波卡：「先讓你回教室上兩節課，九點半再下來和B4（他的小隊長）討論，你可以調整好心情，平靜的上課嗎？」他說可以。

這個很棒的沙彌，顯然被欺負了。九點半，我召集了B寢室的四位小隊長，還有波卡和良康（事件關係人），並請他們去跟第三節課的老師請假，我也邀請了B寢室的舍監比丘，齊聚在小會議室。一開始，我先問波卡：「你要自己說明事情的經過，還是要宋老師幫你說？」波卡指了指我。

我說：「好！我來把早上波卡哭的事情經過說一遍，我在說的過程，如果誰有想要補充的，請舉手，但先不要插話，等我把整件事情說完，再讓大家補充。」

我問舍監比丘這樣可以嗎？比丘同意了。

我便開始說了：「B寢室出坡時間分兩組，一組打掃寢室，另一組是外掃。波卡和良康負責整理寢室內務，今天早上他們整理完B1、B2、B3三小隊，正要整理B4的時候，第四小隊長進來了，責怪他們為什麼只整理前三小隊，不整理他們第四小隊？波卡覺得很委屈，跟小隊長說我們現在就在整理第四小隊。這時，良康說了一句『怎麼第四小隊的被子都這麼不好摺？』小隊長生氣的回良康：『不想摺，就走啦！』接著B4小隊長把波卡整理好的前幾個床鋪全部踢亂，還叫他們走開。波卡很難過的離開寢室，走回教室，被我發現了。」

我一口氣把聽到的事情經過始末說一遍，過程中，沒有人舉手。說完，我先問波卡：「你有沒有要補充的？」波卡搖搖頭。

我問良康：「我剛剛提到你的那一段，正確嗎？」良康點點頭。我再問小隊長：「你有要補充和修正的嗎？」小隊長搖搖頭。

最後我問在場列席者：「有沒有人要對這件事情表示看法？」大家都搖頭。我接著說：「看到波卡的眼淚，我最心疼的是他除了委屈以外，他很害怕因為第四小隊沒整理好而影響到整個B組的內務成績。」

這時B4小隊長舉手說：「在他們兩個離開後，我有自己把第四小隊整理好。」

我回應小隊長：「很好！你知道你踢亂他們已經整理好的那幾個床鋪，讓波卡有多傷心嗎？」

小隊長說：「我是因為聽到良康說我們第四小隊的被子很難摺，所以我把它們都弄亂了，自己重新摺。」我趕快和良康核對他說那一句話時，有不想摺的意思嗎？良康說沒有。我再回來問小隊長：「你願意相信良康沒有不想摺被子的意思嗎？」小隊長點點頭。

進展到這裡，我做了一個小結論：「所以，今天這件事情可以說是一個誤會，只因為我們的心不夠寧靜，輕易地就被別人的一句話激怒，而做出讓別人傷心的舉動。你們同意嗎？」連舍監比丘都點頭。

我問波卡：「你現在可以了解小隊長去踢床鋪的原因了嗎？」波卡點頭。再問：「所以，你比較不傷心了，是嗎？」波卡再點頭，也有了笑容。「而且，你也知道小隊長後來有把他們那一小隊的床鋪整理好，你可以放心了嗎？」波卡臉部線條柔軟了很多，繼續點頭。

我轉向小隊長：「我相信你不是故意要傷波卡的心，但，已經讓波卡傷心了，你願意為踢床鋪這個舉動道歉嗎？」

小隊長用緬語說了「對不起！」我問波卡可以接受嗎？「可以！」他終於開口了。再問小隊長：「你願意為你誤會了良康那句話道歉嗎？」

小隊長轉頭向坐在左邊的良康說「對不起！」一向不與人計較的良康，靦腆的笑一笑。

本來想請大隊長和舍監比丘給些評論，兩人都說「沒事了」。

我交待B4先回去上課，但下課後，得來辦公室找我。

不到一節課的時間，能有這樣的結局，應該算圓滿吧！剩下的是如何持續關懷曾經是我的得力助手的B4。

透過當地華人老師的翻譯，我靜靜的聽，再輕輕的應，抒解了波卡的挫折和焦慮，也提升了沙彌「心寧靜」的生活態度。

下課時間，B4來到辦公室，我問他：「你自己有沒有發現，從剃度那一天起到現在的你，有很大的不一樣？特別是在學習態度和對待別人的言行舉止上。」B4搖頭。

我只好藉用丁主任對他的評語「不用功！」來提醒他。B4神情落寞：「我很認真，但就是跟不上！」

聽完助理的翻譯，我有一些心酸，在沒有開始對話前，不應該給孩子貼標籤。

我跟B4承諾，會幫他研究學習問題出在哪裡？

心和平，世界就和平；心寧靜，關係就寧靜。

帶領沙彌學習心道師父的平安禪時刻，發生這麼一件事情，正可以教導孩子們：寧靜是宇宙最大的能量。要夠寧靜，才可以看得清楚事情的真相，才不會讓自己被情緒帶著走，而說出了不恰當的話語，做出了讓自己遺憾的舉動。

是的！要帶著沙彌們繼續邁向「心寧靜」。

心道師父說：「學佛，能幫我們找回生命本來具足的能量。」

靈鷲山大善園寺弄曼沙彌學院創立宗旨，就是希望落實「生命和平大學習」的理念精神，從小教導沙彌「生命服務生命　生命奉獻生命」。所以，全體沙彌都樂於付出自己的心力與能量。

輪 B 寢室晒寢俱，高個子的四年級沙彌因為有考試壓力，忘了晒寢具就進教室用功讀書；善良的幼稚班沙彌要離開寢室時，看到還有一床寢具，喘吁吁的一人扛了出來。

四年級師兄一聽有人幫他晒寢具，立刻下樓來跟師弟鞠躬道謝。

好感人的兄友弟恭，對吧！

非洲篇

善因緣，好業力

ACC（Amitofo Care Center 阿彌陀佛關懷中心）馬來西亞新山分會會長莊師兄，得知我在緬甸為靈鷲山教團創校的任務告一段落，積極勸請我為非洲的孩子盡一份教育愛。

瀏覽了 ACC 發起人慧禮法師「法傳非洲、興學濟貧」的崇高理想，我心動了；再讀到慧禮法師「五世埋骨非洲」的悲心宏願，我決定行動了。因為一直惦念著「要為菩薩奉獻到六十歲」的發願，於是把二〇一九年規劃為「非洲年」。

因緣際會，史瓦帝尼（Kingdom of Eswatini。原「史瓦濟蘭 Swaziland」）成了我踏上非洲土地的第一個國家，史瓦院區兩百五十名的院童，成了我教授中文的第一批小黑人。

「中文教師」是我受聘到非洲工作的職稱；「把中文教好」是一年聘約中的主要任務；「讓小黑人喜歡學中文」則是我遠渡重洋的重要夢想。在 ACC 土地上，我小心翼翼的隨時提醒自己：尊重、接納、不要踩「國情不同、文化差異」的紅線。

我在自己的四個中文班享受了教學相長的愉悅，也協助其他中文老師處理班級經營中的最大挑戰——特殊需求孩子的有效學習。還擔任最實況的教學示範，並陪中文老師們回顧有效教學的眉角，而且隨時應召當中文老師的教學諮詢；院長更陸續交託我重整院區孩童紀律的重任。

其中，稱得上是ACC前瞻工程的「八正道」家族陪伴計畫，是我在非洲最能展現「用心，與孩子對話」的一項生命工程。其實，不只與孩子對話「要用心」，與院區華人職義工、與當地教師和保母的對話，更需要用好奇心提問、用接納心傾聽、用祝福心回應。

這個被我稱為「多面向陪伴、多角度關懷」的家族陪伴計畫，緣起於ACC非洲執委會祕書長三月來訪時，提到希望華人職義工能夠「認養院童、並且深度陪伴院童」的原始構想。一週後，華人教師們被約請到院長辦公室談祕書長的構想。我當場表明：只要每一位中文老師把自己班上中文課的孩子「看管」好，就是最棒的認養陪伴了。

不料，我的提議立刻被中文老師否決。因為好幾位老師已經受不了自己中文課裡的幾個孩子，下課就像解脫了一般，實在無心力繼續陪伴。

不知道是哪來的勇氣，我主動開口，請老師們把各自力有未逮的孩子轉過來給我。我的想法很簡單：與其一街哭，不如一家哭。而且如果我拒絕這些孩子，豈不是太辜負我千里迢迢來史國的願力嗎？

果然我如此一說，大家都拍手通過。於是，家族陪伴計畫順暢地往前邁出一大步。

我的家族很快就額滿了，可能菩薩認為我這一世修得不錯，可以度化這些孩子，所以通通來到我的家族要我陪伴。這麼一個轉念，我也就更欣然來者不拒，一定是那句「退步原來是向前」的效應。

公開表揚，私下懲罰；大聲讚美，小聲責罵

當討論到各家族的「領導學長姐（後續稱『孩子頭』）」時，我懇請優先讓我挑選與我比較相應的高中生，好協同我帶領這群挑戰非凡的家族成員。對我已經胸有成竹的準備要迎接這個 ACC 劃時代的生命工程計畫，其他中文老師因為在台灣少了導師的班級經營經驗，希望我能更具體說明在這個陪伴計畫中，中文老師要扮演什麼樣的角色？會不會讓保母誤以為我們要取代她們的管轄權？

我謹記「用三心對話」的精神，盡我所能地向其他老師介紹我對這個計畫的初步認知。

我比較喜歡用「多面向的陪伴」來看待這個家族計畫的精神。絕對不是中文老師要去取代保母媽媽的管教工作。事實上，以我來 ACC 兩個月所看到的，華人職義工對孩子的影響，並不如保母媽媽們做的。因為當地師長對孩子是一種「土親人親」的連結，除了語言能溝通的深度，華人必須要顧慮到「國情與文化的殊異」。所以，我認

為這一個家族計畫，中文老師要扮演的角色，叫做「輔導的補位」。這樣的「補位」工作，本來就是中文課的班導師責無旁貸的。但可能因為課程的壓力，影響到中文老師跟孩子之間的對話關係，所以我也很支持這個「重新認養」的家族計畫上路。

用台灣的教育體制來比喻吧！台灣不管中學、小學，甚至於大學，都有班導師。班導師本來就要扛起「傳道、授業、解惑」的一切責任。但，因為緣分不同，因為老師的對話能力，會影響到孩子有些話「不一定」「願意」告訴班導師。這個時候，就有所謂的「輔導體系」出現；或是有時候，班導師已經對孩子使不上力，也會有所謂的「訓導體系」出現。

我鼓勵家族老師在這個陪伴計畫中的定位是：「因時因地制宜」的同時扮演輔導與訓導的雙重角色。「怎麼營造讓孩子對家族老師是一種『望之儼然、即之也溫』的師生對話關係」，是大家都要修行的功課。所以，我認為這一個家族計畫，真正可以成長的其實是老師們自己。於是，八位家族老師相約共修共勉這十六字祕笈：「公開表揚，私下懲罰；大聲讚美，小聲責罵。」

我邀請華人老師們不妨回想我們自己求學過程中，遇到「不便」跟原生家庭父母談的事情，我們會喜歡找誰談。我們就來扮演被我們喜歡去找來談的那個人的特質。

我跟家族老師分享：我會支持保母媽媽有她們必須堅持的管教點！因為在我自己當了媽媽之後，我才明白了過去我曾怨我媽媽的一些觀點，其實是作為一個母親很不得已的角色堅持。華人老師應該從這個角度去聽孩子們對保母的抱怨。有些孩子不服管教，可能真的不能習慣，而希望找一個情緒的出口。如果這個時候孩子找上家族老師，我們千萬不能「偏聽」，先別急著下定論，用提問的方式陪孩子聊聊事情的真相，必要的時候，我們得在談話後求證。但，至少給孩子一個溫暖的回應：讓孩子覺得他（她）的心事，有被我們聽到、聽進，也聽懂了！不過，那個「聽懂」，絕對不等同於我們是跟孩子站在同一邊，要去對抗誰……畢竟我們華人老師都只是孩子生命中一小段時間的過客，目的終究是要幫助孩子學習面對、甚至適應史瓦帝尼的生存環節。

我再藉著我在台灣看到的訓導體系和輔導體系的有待改進處，跟家族老師們分享在這個陪伴計畫中，老師要多加小心的角色扮演。訓導人員常被詬病的，就是能量大多花在處理「果」，而比較少去找出孩子偏差行為的「因」，以至於周而復始地扮演著讓孩子望而生畏的黑臉。有些輔導人員又過於呵護、甚至於同情孩子的委屈，不論是精神或物質的補給，都讓孩子失去了應該要自己承擔生命的責任。所以，來到ACC，是扮演老師，而不是育樂營或義工團體的大姊姊。該教孩子面對、承擔的，我們都要堅持。更要小心，不要因為個人的喜好，而跟某幾個孩子「過於」親近，讓孩子認為我們是可以予取予求的。

最後，關於少數華人老師對保母媽媽的能力質疑，我也呼籲華人老師們：我們用什麼樣的心，去看待保母媽媽，保母媽媽就會變成我們看的那個樣子。縱然有少數的保母媽媽不稱職，我們都不要忘了去感恩絕大部分的保母媽媽在孩子的教育和養育上的付出。回到《普門品》的經典精神，也是在教導我們：面對保母或本地老師，我們要修練的正是觀世音菩薩的「應以何身得度，當現何身」。其實也可以鼓勵保母們，當她們在教養上遇到了關卡，也可以來找家族老師討論。總之，中文老師和保母是同一個目標：帶起ACC的每一個孩子的心。孩子有了狀況，我們都要「多面向」的去看哪一個環節脫勾，而不要急著追究、甚至推諉責任。

院長以她精深的佛學造詣，為這個家族陪伴計畫定調為「八正道家族」，分別是：正見、正思、正語、正業、正命、正進、正念、正定。我的「孩子頭」中有一位大哥叫「清定」，所以，我為我的家族選擇「正定」。同時把一般學長制最容易發生的「大管小」陋習，透過四次與大孩子的團體對話，扭轉成充滿人文溫馨的「大帶小」陪伴氛圍。

第一次集會

第一次集會，集合七年級以上的大孩子，我準備的四段短片，緊緊扣住了史國孩子的興趣與注意力。這次會談主軸，我放在觀賞完一部「生命教育」影片（劇情簡介：一隻被蛇逼到樹枝上的貓，後來掉進一個洞裡，跳不出洞口，一條狗想盡辦法把貓救出來後，貓和狗成為同行的伙伴。）的會談：如果要你們認養小弟弟、小妹妹，並教導他們，你們願意嗎？說說看你們的顧慮。

這段影片的四層次提問如下：

層次一、影片中有哪些動物？發生了什麼事情？（就是劇情的回顧問答）因為提問很明確，答案很簡單，很快的帶動起大孩子們極高的參與興致。

層次二、在觀賞影片時，你什麼時候有緊張的情緒？什麼畫面讓你很高興？貓掉進深洞裡的心情如何？狗為什麼要救貓？貓出了洞口後，會對狗說什麼？因為是邀約大家以自己的感覺來回應，沒有對錯，所以，大孩子也都熱烈的分享。

層次三、「幫助人」是一種什麼心情？誰有幫助過別人的經驗？兩個大孩子分享了他們幫助同學和學弟妹的故事。

層次四、如果 ACC 要安排大孩子照顧、教導學弟妹，你們認為可不可行？我請求大孩子仔細地說明心中的念頭。孩子頭「清孝」說：「學弟妹會被大哥哥大姐姐打死。」

我在內心暗自感謝清孝這個回應，讓我有機會繼續帶著大孩子們往下談。

「為什麼大哥大姊要打死學弟妹？」

「很皮啊！」

「說說看學弟妹是怎樣的皮？」

其實不外乎就是「不聽話」「不懂事」「愛搗蛋」等不守團體規矩的行為舉止。但是因為邀請大孩子可以盡情地說，也就提供了院長和家族老師對全體院童的常規有更具體的了解。

突然，有一個大孩子高聲說：「你們自己還不是也很皮！」我的餘光瞥見院長驚訝的挑眉。果然在會後的分享會上，華人老師取得共識：下次集會，就帶著大孩子們談「自己需要改善的點」。

這第一次的集合，在幾位資深華人老師的觀察回應中，發現是史瓦院區難得聚焦的一次師生會談。全體華文老師都把效能歸因在「提問、傾聽、回應」的功夫，我自己也再次看到「提問比給答案更重要」的例證。當然要感謝院長和華人老師們願意支持「先對話、建立共識、再推行」的理念。

由於有四位女孩在團體會談時，一直發出誇張的笑聲，集會後，我把她們留下來核對彼此的想法。

為了替「八正道」家族陪伴計畫的生命工程做好暖身，我非常在意這第一次嘗試對七年級以上的大孩子所開辦的影片會談，我認為計畫精神應該是「多面向陪伴，多角度關懷」，所以，我也就更在意四位大女孩兒對自己言行表態的認知：是否有感於短短一個小時的團體會談，她們的數度狂笑，對我帶領會談的深聽，有滿大的干擾。解散前，我點名四位大女孩活動結束後留下來，沒想到她們不但沒落跑，而且與我席地暢談。

我沒有從「指責她們的失態」開場，而是以一種「感謝她們留下來」的角度切入，從她們的眼神，我領受到一份「她們願意聽」的善意。

我先提問：「知道為什麼我要留下妳們嗎？」

最聒噪，但也是最有回應的女孩說：「因為我們笑太大聲了！」

「太棒了！」我立刻給予高度的獎勵，再繼續說：「院長媽媽才勉勵大家要當Lady，可是妳們剛剛那樣子的笑聲比較接近Crazy！有沒有誰可以告訴我下一次再來上這樣的團體討論課，要怎麼控制自己的笑聲？」

右一那一位很有氣質的孩子第一個舉手說：「想要笑的時候，會摀住自己的嘴巴！」

我回應：「不錯！代表妳很了解自己的狀況。妳可以先離開。」

因為讓她先離開，剩下的三個女孩就都搶著要說。下一個的答案，卻讓我啼笑皆非。

右二女孩說：「下一次來上團體課，要想不快樂的事情，就不會笑了！」

我回：「可是，上我的課會讓妳不快樂嗎？」她搖搖頭。

我再說：「我明白妳的意思是要控制自己的情緒，不要一直大聲笑，對嗎？」望著第二個女孩的離開，剩下的兩位更急了！互相推擠，搶著要先說。本來要「剪刀、石頭、布」決定誰先發言，出乎我意料，左一女孩居然禮讓左二先說。

只是左二能想到的辦法，幾乎跟前面兩女孩說的大同小異。見我瞪大眼睛，她多說一句「我也不知道！」於是，我和她立了密碼規矩：「以後妳大笑，我就給妳一個手勢，妳要立刻停止喔！漸漸的，妳會發現從要笑這麼久，縮短一半時間，再縮短一半時間，妳就真的進步了啊！」

我除了嘉勉她願意改進，還要求周圍觀課的老師們容許我對左二說悄悄話。我靠近這位女孩的耳朵，輕輕地說：「妳其實長得非常漂亮，可是，每一次妳失態的狂笑，就變得好醜唷！」她的眼睛頓時大亮！我相信她聽得懂我的話。

最後剩下左一這朵蓮花（名字有「蓮」），聽說是所有中文老師都受不了的 ACC 大姐頭。感謝菩薩的加持，這一晚，我居然能和她有深度的交心。主要還是提醒我自己：這朵蓮花對自己會失態狂笑的掌控，是不能也，非不為也。於是，我也就沒有以訓誨的語氣和她交流，而是不斷的點出我來 ACC 後，看到她的強項能力來勉勵她。望著蓮花的離場背影，我有信心可以陪伴她長養出她本然的氣質，並引導她開發出善於看問題的潛能。

隔週，我約了蓮，要把一款維他命發泡錠送給她。

「蓮」是我來 ACC 第二天就發現的一個聒噪到不行的高中大女孩，後來又陸陸續續聽其他華人職義工對她的批評，但卻沒聽到有什麼改善的策略。

她是第一個被推到我家族來的高中生。會談中，她告訴我想當演員，我抓到了好的機會。

假期課後，我把她留下來，「昨天謝謝妳上台幫我翻譯，可是妳的聲音揚升力不夠，後面的人都反映聽不到。那是因為妳的聲音已經啞掉了！想要當演員，沒有好的聲音，第一個就會被淘汰。妳想不想改善呢？」

她當然點頭。我給了她三個方法：

「今天，我要送給妳可以讓妳的喉嚨舒服一點的維他命，妳連續服用一個禮拜，看會不會有改善？第二、妳要開始學習不要遠距離吼叫，或在室內興奮尖叫，那樣對妳的聲帶損害很大。第三，妳得開始調整妳的心性，讓妳可以寧靜的、不要急著表達妳自己。不然，妳的聲帶很容易痙攣，就會讓妳的聲音越來越沙啞。」

循序漸進的對話深度

第二次集會，我帶領大孩子「反觀」自己有些什麼需要調整的不良習性，好做為弟弟妹妹的榜樣？大孩子們幾乎異口同聲：遲到、頂嘴、不能好好說話、在佛堂和齋堂沒有遵守規矩。當我繼續提問：「有沒有誰認為自己是在上面大家提到的不好行為中，看到自己很需要改進的？」

有人立刻靦腆的低下頭，有人笑著對身旁同伴嘛嘴。我沒有追問下去，只是宣布院長正在進行一項 ACC 的生命工程：「大愛小，小敬大」。並鼓勵大孩子：你們最了解小弟妹們為什麼會犯錯，希望大家用「讓 ACC 明天會更好」的高度來教導弟弟妹妹，當然，最重要的是我們自己要能當弟弟妹妹的好榜樣。如果，你有自覺到自己該改進的，希望你想辦法趕快讓自己長大，不要讓弟弟妹妹對你回嘴「你自己都做不好」。我也希望大孩子們同儕間能互相提醒，大家都成為讓弟弟妹妹願意服從教導的模範。

第三次集會，只集合各家族的六位孩子頭，任務分派有族長、副族長各一，其餘四位孩子頭擔任每一家族四個小隊的隊長。

我先恭喜他們因為特優的表現，而被院長欽點為家族的領導學長姐，並介紹家族老師。接著問：「最害怕分配來自己家族的學弟妹是誰？」「他們有些什麼挑戰的言行舉止？」「馬上可以想到的教導陪伴策略有哪些？」然後，請各家族的族長輪流上台報告家族的討論結果。

聽著各家族族長的報告，我對即將要陪伴的「正定家族會有多挑戰」，已經了然於胸。因為八個家族提到「害怕的角色」，幾乎都是我的正定家族「內定」的成員。

最後，我把責任歸給院長：「我相信院長都聽到大家的見解，會議結束後，院長一定會編排出最適當的家族名單。我要在這裡借用電影《蜘蛛人》裡的一句台詞：能力越強，責任越重。就像和尚爸爸遠從台灣來到非洲幫助我們的心情一樣，今天我們是被院長『揀選』出來的孩子頭，代表我們是有能力的，所以，不管院長最後交給我們的家族名單有誰，我們都來學習和尚爸爸的全面接納。雖然我們分成八個家族，並不代表要各自承擔，院長和八位家族老師都會一起來關照全體的院童，因為『八正道』要踐行的是『多面向陪伴，多角度關懷』的精神。讓我們一起努力！」

院長最後的精神講話，無疑是給孩子一劑強心針：「你們很快就要離開 ACC，未來應徵工作很重要的條件是「領導力」，你們擔任孩子頭，正是「學習領導」的一個好機會。」

我望著正定家族六個孩子頭，心中默默的祈禱他們不要被「集 ACC Trouble maker 精華於一家族」的弟妹打敗。

第四次的集合，由家族老師對各家族的孩子頭宣布各家族的學弟妹成員，並請家族的四位隊長們認養。

院長特別關心我的正定家族六個孩子頭的反應，所以，整晚都坐在我們的側邊。

我先把正定家族的孩子名單一一寫在小紙條上，請四位隊長認養學弟妹到他的隊上。我亮出第一個名單，是小二的小學弟，四位隊長面面相覷，沒有人出手認養。僵持了三秒鐘，終於有人接收了這個全院區都認得的「超級麻煩蛋」。我再翻出第二個名單，依舊是相互觀望，第二個勇敢的隊長伸手取回小紙條。第三、第四張名單，就由另兩位隊長默默收下。

這時，族長問我：「這名單是誰決定的呀？」

我禮貌的望向院長，院長已經笑到歪了身子。

陸陸續續在我翻出名單，停格，隊長思考，然後互推給人的過程，「苦」笑聲不斷。換副族長開口：「這樣，我要怎麼管正定啦？」「都是一些大咖，根本不會聽我們的。」「我看，換他們來當孩子頭，還差不多！」

我只能把責任推給院長：「院長有跟我商量，說我比較會輔導孩子，也說你們六個孩子頭都是ACC的模範生，認為我們可以幫助這些『麻煩大咖』長大懂事，我們一起來努力，不要讓院長失望吧！」

「正定」是最後一個分隊完成的家族，因為太糾結、太難為孩子頭了。每一個都是讓其他華人老師「甘拜下風」的角色。其實，我對正定的孩子頭是有一份抱歉的！因為我對他們的欣賞，就拉著他們和我一起面對這個空前的挑戰，實在對這六個大孩子有些不公平。

集會解散前，我代表和尚爸爸謝謝四十來位孩子頭即將扭轉ACC全體院童的習氣，並宣布三天後，要集合全院院童正式啟動「八正道」家族陪伴計畫。我特別交代四十五位孩子頭「不要洩漏名單」，但可以更近距離的去觀察自己所認領的隊員，還可以開始構想要怎麼調教他（她）。

離開集會教室的身影，看到正定家族的六個孩子頭還笑得出來，我鬆了一口氣。細心的院長，在隔日的晚餐後，集合了正定的孩子頭說話。會後，院長更安了我抱歉的心，院長說：「正定六個孩子頭已經準備好全力以赴，連本來怯生生的副族長都不怕了。」

我很欣慰我所主張的「要先點燃孩子頭服務奉獻的生命熱情」，得到院長和老師們的支持。就等著接下來的考驗。

正定家族的挑戰

為了讓「八正道」家族有凝聚力，華人老師在我的邀約下，各顯身手，讓假期課的兩次家族競賽，開拓了當地老師、保母及行政人員的視野——兩百五十名院童可以「玩在一起」。華人老師也確實在我「打破家族界線的陪伴與關懷」的呼籲下，齊心協力的帶給大小院童們不一樣的競賽氛圍。

我因為要擔任總指揮，對正定家族的陪伴就分身乏術；又因為正定孩子的特殊需求比起其他家族更多元，孩子頭在屢屢挫敗中，終於棄守了曾經答應院長「要堅持陪伴到底」的承諾。

我明白：畢竟是才二十歲不到的孩子，如何能寄望他們「敗不餒」的情懷？於是，我自己也懷疑起當時接受其他華人老師送給我這麼多挑戰禮物，是不是高估了自己？

決定和正定的孩子深談，期盼能夠化危機為轉機。

為什麼正定都是壞孩子？

在第二次「八正道」的家族競賽後，我陪著正定的三十三名孩子經歷了一場「正定都是壞孩子嗎？」的初步會談。

想起昨天競賽會場最激動、最放肆的是「願」，沒等到活動結束，我就以她的態度不佳，而把她請出會場；等其他七個家族都離開後，我先跟正定家族玩了一個「鼓譟」的默契遊戲：容許他們發洩不滿。但，看到我的手勢，就立刻要停止各種鼓譟的動作。結果才鼓譟兩次，他們就覺得無趣了。我請他們用我能聽得進去的態度說出心中的氣憤。

幾個大女孩代表態度平緩地說出心中的憤怒：「很多人都說我們就是不乖，才會被分到正定家族來。」雖然聽來心疼，我還滿欣慰這幾個女孩兒的態度。她們不是著眼在「輸掉競賽」這一個計較環節，而是傷心家族被貼了標籤——都是壞孩子。

那一刻，我有了抱歉，三月中，不該「自以為是」的接收其他老師認為不好管教的這一群，全部集中在同一個家族。我不是沒有能力帶起他們，而是大女孩兒們深刻的認為：這樣下去，正定家族永無翻身之日。

摘錄大女孩的話：

一、各項競賽，正定家族派不出好選手。

（也對！正定的孩子先天不足，過動、注意力不足、理解力缺失的佔多數。我在主持的位置，只想著孩子玩玩就好，忽略了他們一項一項拿最後一名的落寞。）

二、可以換別的老師去主持嗎？

（也對！他們終究是孩子，在一次又一次的落敗下，沒有自己的家族老師跟在旁邊打氣，是真的難為了孩子頭。）

三、反正我們都是壞孩子，怎麼努力，都不可能得獎的。

（這是最教我心痛的！）

把握正好是一週一次的「正定家族孩子頭會談」，我抓住機會，跟六個孩子頭交心：「我對你們六位感到最抱歉！當院長把正定名單交給我時，我主動要求我必須要有跟我最相應的孩子頭，於是，我選了你們六位。結果，好像害了你們跟著我受苦。我願意尊重你們六個的決定，如果真覺得家族競賽帶給正定的只是傷害，以後正定都當啦啦隊，不要參加競賽，但，這樣是不是讓小學部的學弟妹失去玩一玩的機會？」

孩子頭好像都明白自己的責任。

我再說：「上星期，足球隊出去比賽，第一場的成績是8：0，你們為什麼還會想再出去比第二場？你們跟我說『被笑有練功夫，還打得這樣！』可是你們並沒有難過得想要放棄吧？別人說我們正定家族都是壞孩子，我們自己也認為我們都是壞孩子嗎？」

「下午，我要求小的學弟妹能勇敢的來跟我握手，並說『我是好孩子』，就是不希望學弟妹們自己先失去信心。你們孩子頭可不可以也對他們有信心？我上一次已經跟你們說過，我們正定的學弟妹是院長媽媽拜託我特別關懷的孩子，你們願意給我力量，一起來幫助這一群特別需要鼓勵的小小孩嗎？」

六個孩子頭，除了副族長「慈」依舊垂頭喪氣，另五個都支持我，連原先一直跟我請辭隊長一職的「古」，失意樣態也淡了。雖然我很心疼正定的孩子「被說」都是壞孩子，但我也感覺看到了「化危機為轉機」的希望。

*

跟正定孩子頭的會談中，有一件事很有趣。我問六個孩子頭：「如果你是宋老師，院長媽媽交給你這一份名單，你會不會拒絕？」結果說「會拒絕」的，竟然是我一直引以為傲的「孝」，他的理由是一大群不守規矩的孩子放在同一家族，真的很難管。

我回應：「當初，我沒有害怕會很難管；現在，我更不害怕！因為好幾個小孩在這一個月已經進步許多了。只要你們對他們有信心，他們一定會更進步的。」

讓我好訝異的是古。下午的家族競賽，他非常沒勁兒，還拿出書來看，幾乎不管隊員的秩序。可是他說他不會拒絕院長的名單，而且也不辭掉隊長的工作了。

最後，我舉和尚爸爸遠從台灣來非洲創辦 ACC 所承受的質疑眼光為例，和尚爸爸說：「就因為沒有人要做，我更要去做。」我說：「我也是受到和尚爸爸的感動，既然老師們都認為教不來這些正定的孩子，我就更要承擔。只是苦了你們六個孩子頭。」沒想到六個孩子都搖頭！我起身向孩子頭鞠躬，再一次表明我多麼需要他們的協助。

當晚七點整，我約了下午在競賽後大放厥詞的那幾位大女孩兒聊。「玉」陪我從齋堂走到大慧教室的路上，說了很有意思的一段話：「妳是新來的老師，不能怪妳！妳不知道把一群不乖的放在一起，就沒有乖的榜樣讓他們學啊！」

到了大慧教室，又加入了「珠」和「蓮」。「珠」本就乖順，下午最鼓譟的「蓮」收斂了一些。我先感謝「蓮」看起來和善許多，然後，又來了被我驅離競賽會場的「願」，看來她也調降了怒氣。我幾乎照本把對孩子頭說的內容又重播一次。四個大女生都說她們不會拒絕院長媽媽要她們承擔這一份名單。

啊！真是阿彌陀佛。

我也需要懺悔

在ACC史瓦院區推動的「八正道的家族陪伴計畫」，我們很用心在「多面向陪伴」與「多角度關懷」中，看到我們的孩子有很多的進步，更重要的是我們幾位華人老師也有很多的成長。我尤其強調「用鼓勵代替責罵」的教育良效，也謹記我們華人老師互相激勵的格言：「公開獎勵，私下懲處；大聲讚揚，小聲責罵。」可是，我自己卻被正定家族的一個大女生完全激怒而情緒失控，徹底忘了這兩個指導語，甚至滿腦子想著要怎麼「制服」這個大女生。

這個大女生是全院區華人職義工都很頭痛的角色，所以，在三月中進行八正道分家族成員時，其他老師優先把她拱手讓給了我；我當時也信心滿滿，認為自己對這個女孩，應該可以發揮一些對話的影響力。

而這次的事是我先撩起她的情緒的。

昨晚是院長發起的家族族歌競賽，各家族就用〈甜蜜的家庭〉來修改歌詞。我在昨天早上看到正定編改的家族歌詞，開心得不得了，私以為我們的歌詞創作就是第一

名，因為大孩子們的創作，並不是在歌功頌德，而是把正定家族的狀況描述得很到位：

正定家族最真可愛，乖巧懂事又合作。

ACC裡面最棒，天天都有禮貌。

雖然有時不聽話，被老師罵來罵去；

雖然有時很搗蛋，但是一樣在進步。

優秀的正定呀！

我不能離開你，佛菩薩最喜愛你。

瞧！「不聽話」和「很搗蛋」的對仗多工整；即使「被老師罵來罵去」，「但是一樣在進步」，是多麼貼近事實的形容。就連「佛菩薩」都編進歌裡，也真是太有才了吧！

不過，我忘了像往昔一般在這樣的大聚會前，先對重要幹部提醒：要留意各小隊的激動分子；也沒有把幾個衝動人物先抓來曉以大義或者面授機宜。我放心的交給族長和隊長們去發揮自治精神，自己先到會場裡面觀察總值星怎麼讓隊伍進來，也還在構思著要怎麼樣教導總值星指揮大隊人馬。

輪到正定家族入場，才匆忙拿起我的手機拍了他們的進場規矩，那當兒，我已經在心裡喊了一聲「慘！」因為像正定這樣集全院區激動和衝動分子之大成的家族，在人多的時候特別容易「人來瘋」，我沒有行前教育的提醒，已埋下不良後果之因。

果然這個大女生「願」一入場，就整個嗨到不行。失控的尖叫笑聲不斷，我幾度用眼神和手勢提醒她，都沒有效果。不過還好，正定家族上台演唱，還算是走過驚濤駭浪；可是當下台回到正定觀賞區位，就再也寧靜不下來了，連四個隊長都跟著一起嗨！

（我的反省是：我應該不要太專注於評分工作，我應該隨侍在側、緊盯著正定的搗蛋分子。）

家族族歌全部上場完畢，院長給了大家一個可以同歡樂的加分項目，正定嗨翻了！沒料到第一個願意上台的是正定的三年級愛滋兒，正定對於這愛兒的上台，有很多很多的不以為然。我只是想著：就給愛兒一個機會吧！所以，並沒有制止正定的反對聲浪，反而當眾對正定嗆聲：「正定規矩太差，要扣分！」

哇！我的「公開要扣分」踢到一塊大鐵板。我那一句警告，絕對是犯了「育兒」的最大的忌諱：打自己的孩子給外人看！

話說這愛兒上台，用史國本地話表演的一段 Rap，其實很有才，但，正定完全沒有人買帳，還對愛兒喝倒彩！

我火大了。趁一個空檔，走回正定的區位，告訴正定三十三名大小孩子：等一下解散後，正定家族全部留下來。這一個宣布把是孩子頭的四個隊長都激怒了，連我最賞識的清孝跟清定都變臉，清古更是鼓譟，完全是斜眼睨人的不屑臭臉。

結束後，我很勉強才把正定留下來。我原本是要從「鼓勵肯定」開場，告訴他們：「你們今天的族歌編得很好，上台也唱得很棒！」但我被大小孩子們想離開的不耐煩催促聲又惹火，尤其這大女生碎碎念的舉動，對我是更大的挑釁。於是，我只輕描淡寫地說了他們的正向表現，把重點放在「秩序太糟糕了」的負面指責。最後，我很無趣的放人，留下一個七年級男生跟這個大女生。大女生無視於我的嚴厲，大剌剌地跟著隊伍就要離開。我真失控了，高聲把她叫了回來。

七年級的這個男生還算識時務，很快承認錯誤，也答應以後不會再有這樣的失控行為。可是這大女生正眼也不瞧我，不斷抱怨：「我怎麼了？我怎麼了？」我已經氣到不想多說了。簡單的回她：就憑妳現在這樣的態度，從明天開始的晚課後，留在佛堂跪十分鐘，一直跪到妳有改過的心。

過了一晚的輾轉難眠，我醒來後的第一個念頭：要約這個大女生午餐後接受我的道歉：不應該當眾讓她難堪。我希望她能接受我真誠的道歉；我更希望在我陪著她每天跪十分鐘後，能夠得到佛菩薩的加持，讓我找到適切的方法來愛這一個大女生。

午餐前，隨手抓了一張回收紙，寫了幾句道歉的話要給這個大女生。沒有想到在齋堂的餐桌上看不到她。聽說還在睡覺，不想來吃午餐。我沒有絲毫的怒氣，只是在想著齋堂管理的策略。我把紙條交給她的親姐姐，請親姐姐回宿舍幫我轉交。

親姐姐問我：「她怎麼了？」

我約略說了她昨晚的情緒反應及不聽從我的指導，所以，我把她罵了一頓，但我自己反省後，要跟她道歉，因為我用了不好的方法，以致場面失控。我本來請親姐姐帶我去宿舍找她，但她姐姐說她在睡覺是叫不起來的，而且容易發脾氣。我想那就算了吧！

再問親姐姐：「她會來吃晚餐嗎？」親姐姐說：「會！」

我：「那就只好約晚餐後再談嘍！」

我突然想到：晚課後，我就要陪她一起在佛前跪十分鐘呀！我準備了一顆糖，請親姐姐帶給她，並轉告我的抱歉。回宿舍的一路上，我一直在揣測：這個大女生看到這張紙條，會是什麼樣子的反應；後來，我告訴自己：不管大女生是什麼樣的反應，我只管對自己的情緒失控道歉吧，她會不會接受，都是因緣。

晚課時間，我一進佛堂，看到她安靜的坐在第二排。找了一個機會去跟她打個招呼，請她晚課後留下來，我要陪她在佛前跪十分鐘。

晚課一結束，我先去處理了兩組女生的紛爭，再回來，發現大部分人都已經離開佛堂了。只見大女生獨自跪在第一排，我好感動，摟住她說：「請原諒我昨天對妳發脾氣。」

禮佛三拜後，我們步出佛堂，大女生很自然對我合十，說：「老師，對不起！」我輕輕捏了她的臉頰，回了一句：「啊！妳又要害我哭了。老師一直想幫助妳，但是，昨天老師用錯了方法，謝謝妳原諒我！明天就不用跪了。」

懺悔的力量真的很大！我只是想著我得為我昨天在公眾面前對她嚴厲的指責而道歉，完全沒有料到她這麼快就主動跟我說對不起。

我經歷二十四小時的情緒三溫暖，從憤怒、醒悟到懺悔，然後得到寧靜的力量去跟孩子道歉。我要記住：老師的心寧靜，學生的心就寧靜！寧靜，要由自己開始做起。

用心，和全體院童對話

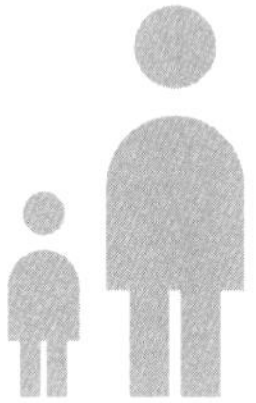

因為擔任「八正道家族陪伴計畫」的召集人，在史瓦院區與中文老師、華人職義工、當地教職員工及保母們的接觸機會比較多，與兩百多位大小院童的互動更是親密。院區的許多新政令擬定與宣導，自然而然的成了我義不容辭的任務。

漸漸的，不論是中文教師、華人職工，甚或保母們都喜歡來找我商討院童生活常規的調教策略。我樂在其中的享受著可以有機會和院童們建立信賴的對話關係，也留下好多友善對話的輔導紀錄。

用「四層次提問」上中文課

這是一篇「四層次提問」的課文深究對話教學分享。

第十課 文化週

老師：下個禮拜是文化週，你們要介紹什麼？
張莉：我可以帶毛筆來，教大家寫書法。
東明：我想介紹台灣小吃，請媽媽幫我做炒米粉。
大文：我很會扯鈴，我要表演扯鈴。
心美：我要教大家怎麼用筷子夾豆子。
大文：除了扯鈴，我還可以踢毽子，我踢毽子也很厲害。
老師：非常好！大家回去好好準備吧！
友朋：我什麼都不會，怎麼辦？
心美：沒關係！你就和我一起夾豆子。

開始上課時，我通常會先讀一遍課文。在台灣，我會讓孩子先在家預習。在海外，中文非母語的國度，透由我充滿各式對話情感的抑揚頓挫中，學生已經可以進到課文的情境。我再領著孩子一句一句的讀課文，然後全班齊讀，最後讓孩子們一人一句的接力讀。

熟讀課文後，我會問孩子：「有沒有哪一句話你不懂在說什麼？」「有沒有哪一個語詞你不了解意思？」然後我就會開始四層次提問。

以這第十課的文化週為例，我先用英文的culture，幫助五、六年級的非童認知中文的「文化」所指為何。然後，我再舉例上學期高中大女孩跟院長之間的爭論——為了參加鎮上傳統舞蹈比賽，參賽者必須要上空。

院長的態度是：「我明白這是你們的傳統，也就是文化不同，但是，以我生長在台灣的文化，我是不能容許你們在那麼多人面前上空。」

高中女生依然堅持：「這就是史瓦帝尼的傳統文化啊！」

院長很誠實地說：「抱歉！這一部分是我不能接受的史國文化。如果你們真的很不舒服，那我不勉強你們留在ACC。」

院長釋出的底線，讓這一段爭論才算平息了下來。

回顧完這一段事件，我告訴五、六年級的孩子，文化，沒有好壞或對錯，我們要用尊重的態度去看待不同的文化，但也不要忘記讓我們人類的生活不斷的提升。「四層次提問」的問題設計如下：

【層次一】

1、什麼時候要進行文化週？

2、誰要介紹他們的哪些文化？

3、誰什麼都不會？

4、那怎麼辦？

5、老師要大家回去做什麼？

【層次二】

1、你認為最難的準備是什麼？

2、你最期待看到的文化介紹是哪一樣？

3、心美安慰文文「沒關係」，並且邀他一起來夾豆子。你認為心美是怎麼樣的一個人？

【層次三】

1、在非洲或者史瓦帝尼，有哪些特殊的文化呢？

2、說說看，哪些文化值得保留下來？或哪些文化其實是可以做一些調整的？

【層次四】

1、如果你有機會到了台灣，你要跟大家介紹的史國或非洲文化是什麼？

2、如果是現在「馬上」就要你表演剛剛說的那一項文化介紹，你必須要準備哪些道具（物品）？

在這樣的提問之後，孩子們對於「文化」，有了更立體的了解。我特別喜歡他們會從衛生的角度，看到過去使用手抓著食物入口，演變到現在會用工具，而不再執著於「用手吃，是我們的傳統啊」！

再一次印證：提問比給答案更重要！

沒有恨的孩子

上午，五年級的大猴子班，多了一個「時間老師（Time teacher）」幹部職位，我在邀請他擔任這一個幹部之前，跟他有一段對話，我約他明天要錄影，請他回想，從剛開始來上我中文課的非常調皮，漸漸的，到現在非常非常的專注和穩定。想請他分享那個祕訣是什麼？

他一時說不出來。我反問：「是因為我打你嗎？」他搖頭。我問：「是因為我罵你嗎？」他也搖頭。

我：「那，到底是為什麼呢？」他說：「妳都好好的跟我說。」

哇，我真是感動！孩子內心其實是很清楚老師的用心的。

今天起的新策略是：當我說還剩一分鐘，他就要站到時鐘前，看秒針繞了一圈之後，就開始倒數計時十秒。時間到，還沒有坐到位子上的，一律算遲到。

引導孩子從「他律」到「自律」，是要有策略的。我自認自己這一新招，很不錯。

但到了下午，又為了一個孩子心好痛。

早上才被我讚許的孩子，下午來找我要另一張紙。看他雙手捧著被史國老師撕碎的作品，我好心痛！

老師是怎麼樣的怒氣，需要對學生下這樣的重手？還好，孩子沒有放棄，被撕毀作品的男孩，很快就補交了一份作業，更重要的是，他沒有被老師的憤怒情緒擊倒！

早上的五年級大猴子班的課，我跟全班討論「作品被撕」這件事的因果。我提了幾個問題讓全班思考：

「老師有沒有先勸告他要收起作品？」

「老師拿他作品的時候，他有沒有跟老師頂嘴？」

「老師撕掉他作品時，他有沒有放棄？」

同學回應的三個答案，都是「NO」！

我馬上肯定了這個男孩：「你能夠面對自己的錯誤，而沒有頂撞老師，這一點，我要給你鼓勵，雖然我也不認同六年級老師撕毀你的作品，但無論如何，你在上課時間畫畫，就是不對的！」

有孩子說：「他作品被撕掉那個時候，都快哭出來了。」

我回應：「當我看到他捧著被撕掉的作品來找我，我自己也快哭出來了」

阿彌陀佛！從他的眼神，我知道他沒有記恨那個老師，雖然，我還是滿心疼的！

寧靜處理孩子打架

在等六年級孩子進教室前的下課時間，我構思著要以什麼故事帶入今天的寧靜對話。忽然聽到隔壁林老師喊我：「宋老師，外面打架啦！」快步走出教室，兩個六年級男生「泊」和「萬」好似打紅了眼一般，置我的阻止聲於不顧。待我出手，泊鬆開雙臂，萬卻不肯罷休。感覺泊已經意識到打架的後果，悻悻然往他的教室走去。而我中文班學生萬，還緊跟在後。

我叫泊繼續走，不要回頭，萬忽然一個巴掌拍向泊的頭，我再叫泊別停下腳步，萬卻又一腳踢泊的臀部。泊始終沒還手，也沒停下腳步。還好最後萬見泊走下樓，沒再追。

我請七年級學長先進我的教室安撫萬，我跟著泊下樓去了解衝突的緣由。我先對走出教室站在走廊的泊肯定一番：「老師看到你後來都沒有回頭，也沒有還手，才能讓衝突告一段落。我很欣賞你可以先冷靜下來，所以，我選擇先來問你『怎麼一回事？』等一下我回教室，也會聽聽萬怎麼說。」

泊想了一下，開口說：「萬對女生說他去過台灣，我知道他說謊，就跟女生說『他騙人』，然後，萬就推我，問我：『要打架嗎？』我們就打起來了。」

我回應：「喔！聽起來，你原本是好意，想要阻止萬繼續說謊，可是你自己卻被萬激怒了，對不對？」泊點頭。

我說：「你應該知道在ACC打架的後果，這一次你因為沒控制好自己的情緒，會害了自己被處罰呀！」泊再點點頭。

我說：「OK！你先回教室上張老師的課，下課，可以請你來我的教室嗎？」平時老愛狡辯的泊，這會兒給足了我面子！

回到我的中文教室，萬的情緒看起來已經緩和些了。他是非常典型的火爆浪子，極度衝動，又容易意氣用事。聽泊簡單的說明，我大概可以斷定是泊拆穿萬在女生面前的吹牛，導致萬惱羞成怒。

寧靜班長已經就定位，正等我的影音檔要帶領六年級七個大孩子「寧靜一分鐘」。我把手機給寧靜班長，我自己也要在這一分鐘內寧靜下來，才能開啟對這場打架事件的有效對話。

在陪著七個大孩子「寧靜下來」的一分鐘裡，我已經想好了要怎麼開場。

「今天有一件事的發生是需要寧靜下來才能看的，就是剛才發生在走廊的打架。我會從台灣再次回到非洲的原點就是愛，我總是用講道理、用對待大人的方式來教導你們，因為你們已經六年級了，『鐺』『聞』的年紀又更大。」

我告訴孩子：「看到今天發生的事情，如果我第一時間就生氣，沒有寧靜下來聽泊、萬怎麼說，我是聽不到真相的。如果我一開始就覺得，非洲的小孩怎麼那麼難教？那我也不會再回到這裡。」

「但請記住：我們的手是用來祈禱的，不是用來打架的。」

話鋒一轉，我問孩子們是否知道中文有一個詞叫「挑釁」？並請鐺試著用史國話解釋挑釁的意思。鐺把挑釁解釋得比較像challenge（挑戰），我心裡想的則是provoke（招惹）。於是，我再強調「挑釁不是挑戰」，而是故意做或說某些事，想要把對方惹毛。

說到這兒，我請萬說說到底是發生了什麼事？顯然剛剛的「課前寧靜一分鐘」效力不小，萬已經可以用日常平靜的語氣述說衝突事件的起因。就像泊說的，萬在向某些女生炫耀他曾經到過台灣，泊介入，表示萬根本沒有去過台灣。泊最後還補了一句：「你以為你是真的malume嗎？」（註：malume為uncle的史瓦濟語）因為同學間會稱呼萬為uncle，泊這一句話恰恰正中萬的面子要害，萬終於被泊挑釁成功，而開啟了今天打架的序幕。

等萬說完後，我先站在萬的角度理解他，並猜測他當時的心情。接著，請全班就今天這件事說說：「如果你是萬，你會怎麼做？」

聞選擇「離開現場」；

魚選擇「把泊的話當空氣」；

鐺選擇「告訴對方有事等放學再談」。

我很驕傲的認為這三個答案都是有智慧的選擇，儘管明白這個年紀的孩子說得到未必做得到。然後，我請萬複述一遍那三個方法，又問了萬，認為上面三種方法哪一個最適合他？

萬選擇「等放學再說」。

我大大讚賞了萬懂得我之前教導他們的「讓情緒緩一緩」的道理。也告訴孩子們：「不管如何，都要用一笑置之的輕鬆態度來看待一切。」

為了確認萬的理解內化程度，我請鐺扮演泊，試著模擬泊當時的挑釁狀況。這次萬不但沒有生氣，還可以一笑置之。

在非洲推動「寧靜運動」以來，我一直在思索要怎麼告訴孩子寧靜的重要性，今天剛好就發生了吵架這件事。

「吵架，一定要兩個人才能吵得起來，打架也是。想要停止打架，一定得有一方先寧靜下來。先認輸並不表示是弱者，反而是代表自己是一個長大的人，可以判斷什麼時候可以停止衝突。」我轉頭盯著萬說：「因為你是我中文班的學生，我當然更在乎你可以寧靜下來嗎？」萬點頭。

「好棒！勇敢的定義不是去打人、去破壞。勇敢應該是可以告訴泊：我們以後不要打架了。」

我問萬：「等一下泊來我們教室，可不可以勇敢的說？」

處理完衝突的心情，再上起預定進度的課程內容，師生都愉快。真的是「課前寧靜一分鐘，讓師生教學都輕鬆。」

下課了，看見泊已經等在教室外，我向他招招手，進教室的泊很帥，笑著對萬說「對不起」，萬非常不好意思的去握握泊的手，說「我們不要打架啦！」

和觀看了一整節課的林老師說：「誰都不知道這兩頭牛什麼時候會再怒目相向？」

林老師誇讚我很擅長將生活與課堂巧妙連結，生活化但不失莊嚴，具知識性又不無聊。林老師總結今天的觀課心得：「今天應該可以榮登我觀課以來最充實的一次，非常感謝宋老師。希望宋老師可以在剩下留在非洲有限的時日內，繼續扮演孩子生活教育、道德觀的明燈，我想這會是語言知識以外，非洲孩子最迫切需要的。」

我想，不只是非洲孩子需要這樣的一盞明燈吧！

不忍孩子受委屈

我喜歡透過平等的對話讓真相大白，才不會錯怪了孩子。

「碟」是我在非洲史瓦帝尼「阿彌陀佛關懷中心」中文課五年級的優秀女學生，努力學習，積極向上。偶爾有小偏差的行為，我只要用眼神，幾乎不必開口，她就可以立馬改正。

有一天午餐時間，在齋堂聽到K師姐向華人老師數落著碟的不是，我的雞婆細胞又活躍了。

常常在公開場合，聽到有人批評孩子，可能是我正定家族的成員，可能是我中文課的學生，可能兩者都不是，但只要我知道是誰，我總會想：師長除了批評責罵，還有什麼方法可以幫助孩子認知到他的偏差行為，然後促使孩子自己願意改進。

K師姐口中的碟所做的行為是我很納悶的。於是今天早上的中文課下課後，我問了碟有關鞋子的事情。

碟說她沒有去換鞋：「是三年級的『谷』拿鞋去換，但谷已經被主任處罰了。」

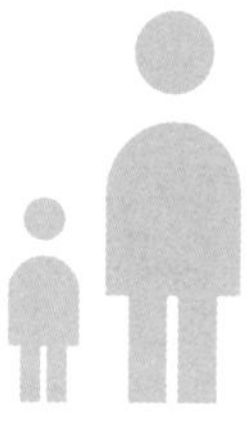

我告訴碟：「昨天中午我聽到的不是這樣耶！我聽說妳拿到的是一雙舊鞋，妳不喜歡，就去換了谷的新鞋，然後叫谷把妳那一雙舊鞋拿去大倉換。」碟一臉疑惑，要她去樓下把三年級的谷找上來我的教室，谷很誠實的承認她把鞋子弄破，然後拿去大倉換。

我問谷：「妳拿去換的是碟給妳的鞋子嗎？」谷搖頭。

我想可能是K師姐忙中有錯，搞反了對象。中午用餐，我試圖跟K師姐說明，K師姐完全不給我機會。我決定三點鐘的中文課結束後，請七年級的大女孩來幫忙翻譯。我先到潘老師的中文教室通知谷下課要來我的教室。三點鐘一到，要來翻譯的大女孩準時現身我的教室門口，谷也到了，我請大女孩下樓去把碟帶上來。在七年級大女孩的翻譯下，我經過反覆的核對再核對，確認再確認，最後我還是認為K師姐誤會了。

我要大女孩、碟和谷分別去跟她們下一節課的老師請假十分鐘，我要帶著她們去跟K師姐說明清楚。

從教室走到大倉的四、五百公尺，我跟大女孩和碟說：「K師姐很忙，如果等一下她脾氣急了一點，聲音大了一點，妳們都不要害怕，更不要頂嘴，由我來說。」兩女孩會心的對我點點頭。

正在院區忙的K師姐，本來拒絕再來看這個女孩。在我再三的請求下，K師姐才終於給我機會。面對K師姐的盛氣，碟很害怕，眼眶已經泛淚。K師姐一再強調：碟沒有登記尺寸就想領鞋子，喝令她出去，態度還很不好，賴著不肯出去。

碟滾下了雙行淚。我提醒碟深呼吸，我可以了解碟面對K師姐的恐慌。我開口問碟：「剛剛K師姐說的事情，妳還記得嗎？」碟點點頭。我再說：「妳看K師姐要忙的事情這麼多，如果下一次再遇到這樣的情形，妳要聽K師姐的話，先出來大倉外面，等K師姐忙完了，就會處理妳的鞋，這樣懂嗎？」

接下來得釐清鞋子的問題。K師姐說她給了碟一雙桃紅色的舊鞋，碟堅持她拿的是白色的新鞋。我問碟當時有沒有人看到她拿到的是白色的鞋？

還好當時正好有六年級女生經過，幫碟證明了她拿的是白色新鞋。我要碟馬上跑回宿舍去把鞋拿來。

碟果然拿回來一雙白鞋，但K師姐說那一雙是二手的。

啊！我明白了。我對碟說：「這雙白鞋看起來像新的，對不對？所以，妳認為妳拿到的是新鞋。宋老師也好喜歡這雙鞋喔！不過K師姐比較清楚它不是新鞋，但是妳會把它當新鞋來穿，對嗎？」碟笑了。

我轉身對K師姐說：「真是太辛苦您了！我猜，當時您心裡想給碟的是桃紅色的那一雙，但手拿的是白色這一雙。一定是您忙不過來了！」我再一次對碟說：「妳看看這個大倉有多少物品要K師姐來管理，那一天K師姐要妳出去等，妳不肯出去，是增加K師姐的麻煩，知道嗎？現在趕快跟K師姐道歉。」碟很聽話地向K師姐合十說對不起。

在我跟K師姐道謝也道別，轉身離去的那一瞬間，聽到K師姐送給我「謝謝」兩個字。我想，礫有一天會明白K師姐是刀子口，豆腐心，而且，礫會記得我很久很久，因為一份雞婆心。

主題教學篇

讓愛傳出去

學生上表演藝術課及參加各項社團活動的學習成果，都可以化成感恩的心，讓愛傳達給需要幫助的人。宜蘭縣竹林國小三年級教學群藉由「家長買票來觀賞自己孩子演出」活動，除了提升了學童學習藝術技巧的動力，更重要的是學會分享與愛。

「讓愛傳出去」大單元主題活動依序如下：

一、安排節目：學生提出可以表演的內容，討論節目順序。

二、舞台練習：學生利用表演藝術課和社團活動時間練習表演節目。

三、設計節目表邀請函：每位同學設計一份節目表邀請函，親自帶回家邀請家人來參與活動。（融入藝術與人文課程，而非統一印製的邀請函。）

四、義演晚會：在學校老師的協助及家長的配合下，表演順利完成。

五、善款捐贈：學生在家裡和家人討論要如何運用這份愛心捐款，到學校後利用班會時間討論，最後決定由三年愛班三位同學代表捐贈給三個慈善機構。

六、電影會談：學生欣賞《讓愛傳出去》影片，看完影片後進行「四層次提問」會談討論，引領學生領悟「讓愛傳出去」的真諦。

七、設法改變家庭，並採取行動：影片會談後，把愛傳到家裡。

八、家人的回饋：家人感受到孩子的愛，對孩子傳遞出愛的回饋。

九、影響更多人：激勵學生設法改變學校的老師、校長、叔叔、阿姨，持續的「讓愛傳出去」。

愛，不只是名詞，也是動詞，更是連結詞

「讓愛傳出去」系列活動的成效如下：

教學群努力了很久的「讓每個孩子都是學習活動的主角！」這個願景，在竹林國小一連串的「表演藝術」成果發表會上，從孩子的心情記錄看到令人欣喜的契機：

狀況百出的街頭藝人秀（辰）

我覺得今天我們的「街頭藝人秀」狀況百出，因為有些人的聲音很小聲，而且有些人會搶拍子或慢一、二拍。

開始時，不知道是不是因為在戶外的關係，或比較緊張，所以聲音變得比較小聲。大家站起來說「謝謝老師」時，我差一點就趕不上了，還有把書本丟上去再接的時候，大部分都接到，少部分的人卻不太能接得到，包括我自己，也有些人在表演時，鞋子不小心掉了，幸好及時穿上，才沒被全校都看到。

而「火車火車幾點開」時，我都快要找不到地方了，要謝謝柏瑞，因為他在練習時，不小心把課本拿反，還好正式演出時，他沒有再犯這個錯。

老實說，其實大家到了中庭都找不到中心點，因為沒有柱子，所以常常會東看西看的找中心點。

雖然這次的街頭藝人秀狀況百出，卻不會太糟，以後我們要把這些錯都改過，這樣六月十四日「募款義演」就不會「狀況百出」，而是「完美無缺」。

Ya！要表演給全校看（齊）

今天要表演給別人看時，我們要先練習講話大聲一點，尤其是彥丞和承恩要講大聲一點，因為表演時不是在中正樓，而是在中庭。下課了，大家圍著我們在旁邊看，李承恩就大聲講四次 English，接著換 eyes、重量、小蜜蜂三種不同的台詞，那時大家就開始做火車造型，做完後就過山洞。老師說：「等到有兩隻老虎的音樂時就要蹲馬步。」我們聽到「跑得快」時，就繞著前面的人跑兩圈。聽到音樂後，我們分成四排，大家開心隨著音樂做動作，我們要學火車造型的動作，大家發揮創意做出各式各樣不同的動作和表情！每個人看到都笑得東倒西歪。再來就學螃蟹一樣橫著走路，大家開心得邊走邊笑，有人批評我們是蜥蜴爬來爬去，不像螃蟹橫著走。

別班的同學看完我們精彩無比的表演，都說我們表演得很好看，也有人在旁邊笑得很開心，我覺得很高興。六月十四日表演時也要特別認真，才能像這次一樣好玩。

學校的一天（量）

今天我們學校的第一件值得記下來的事是我們的表演。

我們上次表演只有一個年級在看，但是我已經緊張萬分了，這次是全校都在看，真的！我不緊張不行，所以我很多都跳錯，但是有些人卻一點都不緊張，因為他們有把老師的話記起來，那句話是「正面思考，事事都是好；負面思考，事事都不妙。」我常常都是負面思考，所以就像老師說的事事都不妙。我們表演完了，很多老師都說我們表演得很好，我終於放下心中的大石頭。

號外！三年級的創新教學！

各位三年級的家長們：

暑安！

相信您已從孩子最近自己設計的活動通知和調查表的作業得知六月十四日（星期六）晚上七點半，三年級的孩子將會有一場「讓愛傳出去」的募款義演活動。這是結合國語第九課〈快樂的送書人〉、第十課〈便條習寫〉及〈藝術與人文〉的學習成果展。這些日子的排練，三年級的孩子們真是既期待又怕受傷害，顯然他們是認真的！也希望各位家長能以同等的認真來回應孩子這難得的「第一次體驗」。

為了增進孩子完整的表達能力，以下的調查表內容，請盡可能詢問孩子，透過好的提問，孩子的「思考引擎」才有機會運轉啊！非不得已，請千萬別輕易的就打電話給老師，可以鼓勵他（她）明天向老師問個明白，回家再練習轉述一遍。

售票所得，由三年級聯合班親會討論捐助單位，歡迎各位家長提供您的想法給各班家長代表。

宜蘭縣竹林國小三年級「讓愛傳出去」募款義演

時間：中華民國 97 年 6 月 14 日（星期六）19：30 準時開演
地點：羅東鎮竹林國小中正樓

———————— 回　條 ————————

三年級「讓愛傳出去」募款義演活動　參加意願調查表
班級：　　座號：　　學生姓名：　　　家長簽名：

（　）當晚因事，敝子弟不能參加演出。
（　）同意敝子弟參加演出，並願意在當晚七點整將孩子送到班級教室，親手交給級任老師，也願意在所有節目結束後，親自到班級教室領回孩子。
（　）家長也願意響應「讓愛傳出去」的活動精神，
（　）認購 A 區座位（　）張，共（　）元。（每位 100 元）
（　）認購 B 區座位（　）張，共（　）元。（每位 50 元）
（　）現場排隊等候 C 區座位，並願意在 C 區滿座時，自動移步到孩子的教室觀賞轉播畫面。

宜蘭縣竹林國小三年級「讓愛傳出去」募款義演入場通知

各位竹林國小三年級的家長們：

非常感謝大家對教學群的肯定與支持！

三年級孩子們期待中的「募款義演」即將於本週六晚上正式上場。您是否已從孩子昨天分享的「彩排緊張」中，感受到孩子是怎麼把這次的演出當一回事在準備呢？看著他們專注投入的模樣、屏氣凝神的展演，教學群這陣子的辛勞絕對值得！

由於訂位家長眾多，為免耽誤「準時開演」的計畫，或帶給孩子們「反教育」的不良示範，請容許教學群再一次提醒您：這是孩子們的第一次「募款義演」體驗，也是教學群一再激勵孩子們展現「國際水準」的第一次公開演出。所以，諸多「國際節目演出」的觀賞注意事項，教學群以最誠摯的心情，邀請您配合我們的教學要求，一起來教育我們的共同寶貝——竹林國小三年級的好孩子！

■義演地點：羅東鎮竹林國小中正樓

■義演時間：中華民國 97 年 6 月 14 日（星期六）19：30 準時開演。遲到者，請逕入三年級各班教室觀賞 Co-life 立即實況轉播，或靜待節目換場時間，聽候蔡主任帶領，並迅速就坐。

■入場時間：A 區 19：10，B 區 19：20，C 區 19：25

入場選定座位後，請展現最高水準的觀眾素養，觀賞教學群剪輯的教學檔案。請勿攜帶任何飲料或食物進場，入場後請關手機，並請注意服裝儀容，有幼兒參與的家長，請務必指導孩子的觀賞規矩。

回條

本人已從三年___班學生_________手中收到___區___色入場票_____張，我會妥善保存，演出當天憑票入場，並願意配合教學群的教學理念，以最高規格的觀眾水準鼓勵孩子的這個「第一次」，共同成就孩子的第一次「募款義演」體驗活動。

學生家長簽名：

三年級教學群的感謝！

感謝各位家長的支持與鼓勵，孩子的第一次「募款義演」順利完成。雖然場地有很多限制，讓大家汗流浹背，不過從排隊進場到觀賞表演，大家都為孩子做了最好的典範。當然，最佳主角還是您的孩子，為了這場演出，他們不斷的練習，就是要把最好的成果展現給您。關於「募款去向」，請各位家長在星期四前向各班召集人表達您的提議。再一次感謝您參與了台灣教育史上首創的「家長付費觀賞孩子演出」的傳愛義演活動，相信這一個活動必定帶給三年級孩子一次難忘的回憶！

當教學群傳閱著三愛子賢媽媽在聯絡簿上的留言：「星期六的表演真棒，給你們鼓掌。三愛真棒！」我們的心是熱的。從決定來這麼一場「不一樣」的成果發表會開始，一個多月來圍繞著三年級教學群的許多質疑與批評，頓時煙消雲散。多麼期待還可以從更多家長的角度得到掌聲與建議。對這次竹林國小三年級「讓愛傳出去」的募款義演活動，您欣賞什麼？您感激什麼？如果真有下一次更大場面的演出，您期待能有哪些調整？不論對自己的孩子、對孩子的班級，或對教學群，您的隻字片語都是最好的鼓勵唷！

邀請您在記憶還很鮮明的此刻，給教學群、給行政團隊，甚至給其他學校的教育伙伴一些參考的意見，讓台灣的教育水準是「整個」向上提升的。

三年___班學生________家長留言：________

致三年級教學群：

對於這次的義演，讓我們全家看了都很感動，不管是哪班的孩子，都表現得很棒。當天孩子在表演同時，我也看到了每一位家長看著表演中的孩子，心中一定是感動的，在此也要感謝這一個月來老師的辛苦，陪著孩子不斷的練習再練習，孩子們才會有這麼棒的成果呈獻給大家。

關於「募款去向」我和旻諺的爸爸有二個提議：

一、這款項是有關孩子的，所以也能回饋到社會上所需要幫助的孩子身上。

二、亦可當為學校基金。

當然還是以大家的意見為意見，在這次的義演我看到了孩子們的辛苦、努力和勇敢的表演，是個愛的演出。

最後我要感謝賴校長、主任們以及所有的老師們，如同三愛的宋老師所說，竹林國小的孩子真的很幸福，有這麼棒的教育團隊，孩子交給您們，我們真的很放心，謝謝您們辛苦了。

諺媽媽

去年八月學校舉辦新生家長座談會，會中除介紹三年級教學並說明未來之教學理念，當時雖無法體會是否有所不同，但是回顧本學期宥竹之學習內容及過程，我覺得很滿意，並相當感謝教學群之用心，宥竹媽媽與我常常告訴宥竹，她很幸運遇到很好的教學群以及陳金助老師，請她一定要珍惜學習過程中之點點滴滴，這一定是她將來最美好的回憶之一，而宥竹也常提起很崇拜陳金助老師，並視為偶像。

宥竹就學至今，我從不以考試分數之高低作為獎懲之標準，學校甄選社團學員時，我都會徵詢其意願，只要在她體能範圍內，我都順其意願讓她參加，讓她有多方面之學習與嘗試，本次學校舉辦募款義演活動，除了需稱讚孩子們有相當不錯的演出，最需肯定的是老師們的熱誠及付出，短時間內能策辦這麼精彩的活動，確實展現行政團隊及教學群與眾不同的能力。

感謝校長號召教學菁英組成教學群，這麼用心教導孩子，時時有不同之創意教學，讓孩子們發揮所能，希望教學群能接續帶領孩子至六年級，完成連貫教學，最後感謝校長提供優質之學習環境，我們永遠支持您。

竹爸爸

先前就一直聽允瑄說，老師誇他們表演得很棒，我就很好奇，他們到底表演了些什麼？終於，在上星期六讓我親眼目睹了他們的丰采。老實說，真的讓我很感動，因為大家是那麼地認真，那麼賣力演出，真的是讓我們這些家長值回票價。更令人讚嘆的是，這些票款收入還是要去做愛心的呢！

真的真的很不錯，老師的構思，讓整個活動很流暢，從入場到就定位，甚至表演開始，一切都是那麼地井然有序，真不得不佩服老師們的安排。

希望還有下一次，不過可就又要忙壞大家了。

瑄媽媽

這些孩子真是神的恩典，他們所展現的一切，超出了水準之上，而且這個活動背後的意義也令人感動，感謝老師們如此用心的在這些孩子的心裡撒種，相信有一天必會結出百倍的收成，願神祝福三年級所有的老師跟孩子。

瑄爸爸

「哇！好有水準的一場傳愛義演活動。」在最後結束的鼓掌聲中我下了這樣的評語，在這麼侷限的空間裡，竟也能呈現出動人的魅力。那當下，著實令我欽佩，教學群如此困難卻又堅持理想，真是有打不死的小強精神。感謝教學群，讓我欣賞到我的小孩，最為純摯、認真的在舞台上，展現從無到有的自信。很成功！非常到位的義演活動，籌備過程中，辛苦的教學群及孩子，你們值得這樣驕傲！相信未來，這六月十四日幸福夜晚，會是個充滿愛的回憶！關於「募款去向」淺見的我想法拙劣，恐無法讓此募款有建設性的發展，所以還煩請各班辛苦召集人全權處理。感謝參與此次活動的每個人！

陽媽媽

這次的愛心義演，真的別出心裁，創意十足！從一連串的表演中，便可知道，老師們在設計主題，引導小朋友的過程中，需投入大量的巧思及創意！

而孩子們透過表演的學習，培養上台的勇氣、團體的默契，以及表達自我的成就感。學習的道路既漫長又深見考驗，不一樣的經驗，也適時讓身為父母的我，深深體會古人云：「行行出狀元」的至理名訓。孩子不單只有學科的表現才值得嘉許，像義演這樣學習，體貼及同理心，更需要來自父母、師長的肯定。我為這次努力表演的孩子，用心指導的老師喝采！打氣！讚啦！

量媽媽

這次的表演揭開了表演藝術課的面紗，因為每次問立憲學了什麼表演，他總是含糊交代，不然就說沒有音樂不會跳，終於在這次看到了完整的演出，感謝各位老師在這段時間內辛苦的教導，也給努力練習、完美演出的孩子們掌聲鼓勵。

我有二個孩子在竹林國小就讀，所以我也希望可以看到哥哥的成果發表，如果可以每學期都舉辦一次全校各班的成果發表晚會，將會更完美。

當然全校師生再加上參觀的家長，中正堂勢必無法容納，所以場地的尋找也是另一個課題，就如那天表演結束時，宋老師轉達賴校長屬意羅東展演廳那樣的表演場地會是較為適合的。

希望下學年就能夠看到全校小朋友的成果發表。

憲媽媽

「三年愛班」真精彩，三愛真棒！這是我最近常聽見字句，真是驕傲。身為此班的家長真是與有榮焉。

有意義的活動，讓我們家的承恩受益良多，也讓家長覺得參與此活動的快樂，感謝小寶貝們不但讓身為父母們可做有益的事，又可觀賞自家寶貝的表演，這樣的活動，無可挑剔。

最後建議，此活動的開始很完美，ending也很重要，募款去向盼望是給孩子們了解，而不是家長，因為付出最多的是這群寶貝，讓這群寶貝了解此公益活動的重要性，感謝您，辛苦了，您的用心讓承恩收益良多。

恩媽媽

家長付費觀賞孩子的義演活動真的是首創，沒參加過，讓自己孩子參與這項活動，真的會留給孩子們一個難忘的回憶。

當天的演出真的很精彩，看見小朋友認真的神情，好想去擁抱他們，有如此完美的演出，是老師認真的教導，編舞老師精心策劃，小朋友認真的學習，才會有這夠水準的完美演出，真的要給全體師生最大的掌聲。

賢媽媽

竹林國小三年級教學群果然再一次交出亮麗的「教學團隊」成績單呢！

電影會談

配合四年級國語第三課的〈把這份情傳下去〉，教學群延伸去年的主題活動，繼續讓愛傳出去。從觀賞電影後的「四層次提問」會談教學，引導孩子「產出」自己的傳愛行動。《讓愛傳出去》劇情簡介如下：

◎導演：咪咪蕾德

◎演員：凱文史貝西、吉姆卡維佐、海倫杭特、哈利喬奧斯蒙

◎劇情大綱：

七年級的社會學老師對學生演講：「如果你認為這個世界讓人不滿意，那麼從今天開始，你要想一個辦法，將這個社會中不想要的東西通通去除，把這個世界重新改造一次。」接著留給學生這學期的課外作業：一個可以改造這個世界的作業，不能只是空想，必須要能夠付諸實行，並且鼓勵學生立刻執行。

雖然社會老師每年都給七年級的學生相同的作業，但他不認為今年的學生與去年有什麼不同。想不到，十一歲的崔佛真的聽進去了。

崔佛的童年不愉快，父親是個不負責任的浪子，母親一個人挑起生活的重擔。尤金老師的一席話無疑開啟了他的思維模式，給了他想要改變世界的力量！

崔佛的方法是：「以我為中心，幫助三個人，他們不必回報我，但是他們要另外幫助三個人，讓愛傳出去，兩個星期就可以有超過四百萬人受惠。」這個計劃聽起來似乎是可行的，讓尤金老師不得不對這個年輕學生刮目相看。

崔佛決定立刻執行計劃，他將一個街頭遊民帶回家，給他食物，讓他洗澡，這位遊民感受到了崔佛的心意，可是這個連自己都照顧不好的遊民，會如何讓這份愛傳出去？

觀後會談提問：

一、崔佛的老師出了什麼樣的作業給學生？
二、崔佛針對這個作業，所採取的行動是什麼？
三、崔佛為什麼要帶流浪漢回家？
四、崔佛的媽媽同意流浪漢到她家住嗎？她對流浪漢說了什麼？有什麼行動？
五、流浪漢為什麼離開了崔佛家？崔佛又採取了什麼樣的行動？

六、崔佛的媽媽為什麼會打崔佛一巴掌？崔佛的媽媽有什麼不好的習性？你想這個習慣對崔佛有什麼影響？

七、崔佛為什麼會害怕爸爸回家？之前曾發生什麼事嗎？

八、崔佛在死之前採取的最後一個行動是什麼？

九、如果你是崔佛，你會像崔佛一樣採取最後的這個行動嗎？你會給他什麼建議？

十、參考崔佛老師所出的作業，你想要「設法改善」的是什麼？你準備採取的行動又是什麼？

設法改變家庭，並採取行動！

哇！希望被孩子點名的家人們，都從「用愛心說真話」的出發點，善解孩子們的用心良苦，也等待著這些被期望改變的收信對象，能有個「好的回應」，讓孩子的這份情可以傳下去。

親愛的媽媽：

宋老師給全年級看了一部片子，叫作《讓愛傳出去》，給我們看的原因是，第三課國語剛好上到〈把這份情傳下去〉。

其實，我也希望您做一件事，再把這份情傳下去，但是我還是告訴妳一下這部片子的內容大意好了，這樣妳才知道怎麼做。

這部片子的主角是一位叫崔佛的小男孩，他是七年級的學生。在上社會課時，他的老師在黑板上寫「設法改變世界，並採取行動」，（宋老師叫我們寫封信，就是要我們設法改變家庭。）於是崔佛就想到一個辦法：他先幫助三人，那三人再幫其他三人，一直持下去……，其他劇情我就不多說了。不過最後，崔佛死了，他最後幫助的一個人是他的同學亞當。在亞當又被人欺負時，崔佛去救他，雖然媽媽也在學校，可是當她媽媽看見也急著跑去幫忙，卻已經來不及了，崔佛跟欺負亞當的人打架時，他們的老大（是個Gay，因大家這樣說他，老大就一直打人）拿出一把刀，把崔佛刺死了。

這個劇情深深感動我，我也想改變家中二個人，一個是我自己，一個是媽媽。首先，我要先管住我的舌頭、嘴巴，不要亂批評別人和頂嘴，更要口說好話；我也希望媽媽不要一直罵人，妳要罵人時，我就會對妳說：「嗯，用講的就好了，不要一直生氣喔！」希望我們倆都可以做到。

祝　平平安安

女兒 小恩 敬上

親愛的爸媽：

宋老師跟我們講，要「設法改變家庭，並採取行動」。所以我就想到，可以傳福音給叔叔，讓叔叔成為基督徒，這樣，我們家全部都是基督徒了。還有讓叔叔不要再抽菸，這樣對他的身體不好，也會讓我們的身體不好。

我的策略是：一、把禁菸的貼紙，貼在叔叔房間裡；二、把有關抽菸的報導告訴他，讓他知道抽菸的恐怖下場；三、把上帝的恩典說給叔叔聽；四、常常為叔叔禱告。

爸爸、媽媽，我希望你們能幫忙我，讓我們家成為一百分的家庭，也讓我們家成為上帝所喜愛的家庭。

祝　健健康康、平平安安

寶貝女兒 小瑄 敬上

親愛的爸、媽：

升上四年級，因為我有參加棒球隊，每天都要練習到五點半，還要您來載我回家，所以我想要改成騎腳踏車上學，這樣媽媽就不用來接我了。我想如果我跟您說，您們一定會擔心我的安全，所以我有一個計劃，就是請媽媽每天都陪我騎腳踏車上課，五點半時再來學校和我一起騎回家，等到您相信我可以自己騎時，就不用再陪我上下課。另外我還要請您準備一件雨衣，這樣下雨時，就沒問題了。

祝　健康

兒子 阿憲 敬上

一向體貼親心的小忻，小小年紀就認清了事實：「要八十歲的阿公戒菸根本不可能」，但至少可以為「家人清新的室內空氣品質」努力。

發表膽識與承擔勇氣都讓人刮目相看的阿群，準備採取跟監式的勸導策略，讓爸爸終結「找三五好友小酌一番」的習慣。

感覺上，升上四年級突然長大成熟許多的阿憲，要改變的是自己上下學的交通方式，免得媽媽太勞累了！

扮演好姊姊、好哥哥的小君和阿量，著眼於弟弟和妹妹的情緒管理，「手足情深」也教我感動！

向來是中規中矩的阿彥，以「健康」為考量，各提出兩項策略，而直言不諱的請爸爸把菸和酒都戒了吧！

阿諭之所以語帶威脅的告訴媽媽他準備如何「對付」爸爸的菸癮，乃因這是宋老師交代的作業呢！

阿宇不愧是醫生的兒子，對三餐的營養最注重，我不知道媽媽會怎麼面對寶貝兒子的「直言」，站在教育的立場，我應該有責任教導孩子：回到自己的角度想想可以做些什麼，而不是只動口「叫」別人行動！

親愛的爸、媽：

工作愉快嗎？今天宋老師出了一項艱難的家庭作業：「設法改變家庭，並採取行動」。所以，我決定要建議阿公到戶外去抽菸，不要在家裡抽菸。

妹妹疑惑的問我說：「為什麼不直接幫阿公戒菸？而要他到外面去抽呢？」我回答她說：「因為阿公已經快八十歲了，要叫他戒菸，根本是不可能的事，所以，如果能請阿公到屋外抽菸，我們全家就可以不用吸阿公的二手菸了。」

所以以後，大家如果看到阿公在屋子裡抽菸，請告訴他不要再抽菸了，如果還是要抽，請到外面去，才不會把屋子搞得「烏煙瘴氣」，使我們也吸到二手菸，希望您能幫我這個忙。

祝　健康、快樂

女兒 小忻 敬上

親愛的媽媽：

我提議三樓蓋屋頂，因為下大雨時，雨水會從三樓流下來，如果蓋屋頂可以讓雨水進不來。還有讓爸爸戒菸，如果貼我家不吸菸沒用的話，我就把爸爸的香菸全部丟掉或是把全部香菸泡到水裡。媽媽我希望可以用白油漆把家裡脫落的牆壁補起來，這樣會比較好一點。因為老師說要怎麼改變家庭環境，所以我寫這些事。

祝　身體健康、長生不老

寶貝兒子 阿諭 敬上

親愛的爸爸：

我知道您工作繁重，唯一的興趣是跟知心好友小酌一番，每次看您出去喝酒，我都非常擔心，怕您喝太多酒，對身體不好，希望您不要酒後駕駛，這樣很容易造成車禍，不但害人害己，如果有人因此受傷，那就後悔也來不及了。我希望爸爸能夠戒酒，這樣對身體也比較好，我們也會比較安心。我的方法是：一、請爸爸跟同事說我不要喝酒。二、跟爸爸一起去，隨時提醒爸爸不要喝酒。

祝　身體健康

兒子 阿群 敬上

親愛的爸爸：

我希望您可以不要抽菸，因為這樣會影響自己的身體，也會傷害到我們。讓您不要抽菸的方法：一、不要再買菸了；二、您抽菸時，我就會馬上提醒您。爸爸這些提議您可以接受嗎？如果可以，請您遵守這些約定。

爸爸我還希望您做一件事，就是去外面或阿伯家時不要喝酒，因為這樣會很臭，而且還會頭暈。讓您不要喝酒的方法：一、在您身上貼個不要喝酒的標籤紙；二、不要買酒。我知道您想要喝，可是這種事會危害到您的身體健康，而且還會給自己的肚子造成了負擔，所以最好不要買酒來喝。

祝　身體健康

兒子 阿彥 敬上

媽媽：

我們把《讓愛傳出去》的影片看完了，裡面有提到要改變世界而且要行動，所以老師給我們一個主題，主題是「改變家庭」。我要改變的是，弟弟不要動不動就發脾氣，這樣對身體很不好。我要讓他不要再發脾氣，我的方法是，只要他開始發脾氣，我就叫他冷靜下來，如果還是不行，就叫他坐下來想一想，這樣就可以了，因為他很乖。

祝　平安，快樂

親愛的女兒 小君 敬上

親愛的媽媽：

爸爸常常交際應酬抽菸，有時他也會喝酒，我應該要幫爸爸，先請他一天抽一根菸，最後二天一根，這樣以後他就不會再抽了。還有妹妹，她每次都會被人欺負，而且還不敢跟老師說，所以我幫她想了一個方法，方法是什麼呢？答案是教她有事不要悶在心裡，要說出來，這樣她才敢跟老師說，您說對不對呢？

祝您 平平安安

兒子 阿量 敬上

家長也加入「讓愛傳出去」的行動行列！

這回的家長作業，是請孩子把「設法改變家庭」的一封信交給收信人後，請有意願的收信人回信，無回信意願的收信人，至少得簽個名表示知道孩子的心情。

小忻的媽媽拖著疲憊的身軀，迫不及待地當晚就利用E-mail完成這項家長作業了。

親愛的寶貝忻：

儘管工作很忙、很累，看到妳寫有關「設法改變家庭，並採取行動」的信，頓時仍讓我所有的疲憊都煙消雲散了。

一般人對菸很難說戒就戒，更何況對妳年事已大的阿公更是比登天還難，媽媽認為毋須要求阿公做太大的改變，並認為人到了這樣的年紀都應該可以做自己喜歡的事，所以同意妳的看法「不用要求阿公戒菸，只要請他抽菸時避開大家」。但阿公是長輩，我們必須委婉告訴他：「香菸的禍患無窮，亦會影響不抽菸的人的健康，請阿公儘量在有其他人在場的時候，到外頭透透氣比較好。」阿公也是明理人，相信他會欣然接受的。媽很樂意幫妳這個忙，讓我們一起來委婉告訴阿公吧！

另外，菸害防制法修正後，已將於明年正式上路，我們也可及早把相關吸菸場所之限制及罰則告訴阿公，以免他不諳法令而觸法。

祝妳　健康、平安、快樂！

媽媽 書於 2008.9.19

不只阿公明理，小忻的媽媽也是「明理一族」喔！

就怕家長遷怒老師引導孩子「家醜外揚」，我小心翼翼的回應孩子的每一個傳愛計畫，在小忻那封信的末端，我特地加了紅色的提問呢！

＊

另外八篇家長的回信，讓教學群欣慰於「讓愛傳出去」的親師合作效能。

阿憲媽媽工整的字跡，欣賞著孩子的成熟與善解人意，還劍及履及的採取了行動，問了學務主任關於騎車上學的相關規定；小君、阿量的媽媽都語重心長的指導孩子比較適當的情緒處理方式；阿諭媽媽只回應家中環境改善事宜，對於孩子在意的菸味就……直接跳過了；看小瑄爸媽的回信內容，不難理解為什麼小瑄會那麼有把握他們可以邁向「一百分的家庭」！

最有趣的是阿群媽媽代替遠在海外的阿群爸爸回的信。而讓我最感動的是小恩、阿宇、阿彥家長的回信的誠意與自我挑戰的勇氣，難怪這三個小搗蛋，一直是同學眼中的「自我覺察」標竿人物。帶著忐忑不安的心情，探詢了這三位家長在面對孩子的「建議」時，是什麼樣的心理反應？

阿宇、小恩的媽媽慨然應允提筆分享她們的心情轉折：

某日，我家的兒子從學校回來，看起來似乎籠罩在一片愁雲慘霧之中，一副名符其實「憂鬱美少男」的可憐模樣，追問之下才知道是因為有一項作業不會寫。得知不過是「改變家庭的一件事」，這種題目有這麼難嗎？或許是我們家太幸福、美滿了，媽媽太賢慧……不然怎麼會想不出來呢？

但作業還是得交，於是全家總動員幫他出主意。爸爸說：「寫家裡太髒要加強打掃，如何？」這個提議馬上被否決，雖然是在功課的壓迫下，他頭腦還算清醒，否則他可能有掃不完的廁所、拖不完的地了。我說：「不然來寫增加看電視時間，如何？」他也一口回絕了，或許他是想保有一點他當好學生的優良形象吧！既然我們的意見他都不喜歡，那就只好靠自己了。

就在晚餐吃到一半的時候，阿宇突然大叫一聲，我還以為他吃到蟑螂腿了，只見他碎碎有詞的說：「寫早餐好了！」然後就衝上樓去了。

前面寫了一大堆，現在終於寫到宋老師規定我要寫的「心情轉折」，其實我真的沒有什麼「心情轉折」，只有「一點點」內疚而已，比起我大嫂早上吃三顆月餅，我還算好了，而且我還有月餅、鳳梨酥交替出現、改變口味，是不是很貼心呢？但既然美少男都反應了，我當然要改進，不但去掉月餅、鳳梨酥，改成麵包、饅頭、蛋餅，還加上水果，希望美少男會滿意，全家人吃得更健康。

寫到這裡，阿宇在旁邊一直提醒我「不要再寫了，我們的部落格被你塞爆了啦！」

阿宇媽媽

*

對於這位讓我們的生活充滿驚奇及歡笑的寶貝，非小恩——我們的大女兒莫屬了，這位從呱呱墜地至今，讓我們從擔心、生氣、不解，到轉化為欣賞，一路走來，寶貝成了我與外子最重要的老師，因為有她，我與外子才漸漸學會了如何當媽媽和爸爸。

對於這個孩子的不解，一直到聽了一場演講後，我終於懂了，一切都源自於家庭及大人們的言教及身教。當我懂得的時候，我太驚嘆孩子的學習及模仿能力，讓我不由得加快腳步改變自己。有一次上街購物，小恩對於我要買的物品非常感興趣，只是當媽媽的我必須得精打細算，忽然，我那女兒就冒出一句：「用刷卡的呀！」讓我當下決定不買了。回了家，我與外子分享了這件事，決定將身上的信用卡，當孩子的面全部剪了，從此不再用信用卡，這就是「身教」！只因孩子不懂得用卡背後的意義，卻作了大動作，或許對於其他人會覺得太小題大作了，可是對於我們家的這位超級寶貝，一定得如此，因為皮紋測試結果，「模仿」是她的高優勢，很有可能在我們不小心的身教中，讓整件事的原意都被扭曲了。對女兒信中的歷歷指控，讓我了解了這位「得理不饒人」的女兒，完全和她的媽如出一轍，這一切又是我的「身教」惹的禍，真的是我人生最大的震撼！

不過，所謂知錯能改，善莫大焉。所以認識自己了解自己有多重要！當你懂得的時候，回頭看看你的孩子們，你會發現其實孩子們只是我們的縮小版，一切讓你生氣、無奈的行為全源於父母，唯有父母改變，孩子才會轉變，當你從欣賞的角度，來和孩子相處，你會發現，生活不再沒有味道，每天都會充滿期待的迎接每一天。

小恩媽媽

教學群相信家長所給予孩子的尊重，一定是上天的恩賜！

繼續「讓愛傳出去」了！

——設法改變學校或一個人，並採取行動

賴校長：

您好！我是四年愛班的張小瑄，宋老師有讓我們全班看《讓愛傳出去》的影片，影片裡的主角叫崔佛，是個七年級的學生。有一天，崔佛的老師出了一樣特別的作業，就是「改變世界」。於是，崔佛就想了一個計畫，他自己去幫助三個人，讓那三個人再去幫助其他三個人，這樣一個人幫助三個人，就可以讓世界變得更美好了！宋老師讓我們看這影片一定是有原因的，所以宋老師就出了一樣功課，「設法改變學校，並採取行動」，我回家想了好久，終於想到了。

司令台後面的水溝沒有水溝蓋，會讓一些在玩沒注意到水溝的人，掉到水溝裡，也會讓一些在玩球的，球沒接好，讓球掉到水溝裡。我的策略是：請工人或趙伯伯把水溝蓋上水溝蓋，這樣球就不會掉到水溝裡，我們也不會玩一玩就掉到水溝裡了，這不就是兩全其美了嗎？

校長，我希望您能夠幫我請工人或請趙伯伯來幫水溝加蓋，這樣才不會有危險。

祝　平安、健康

四愛學生 小瑄 敬上

親愛的賴校長：

宋老師要我們寫「設法改變家庭，並採取行動」，我要改變的是媽媽，只要她生氣，我就「嗯～」，我想您應該知道我叫我媽媽改變什麼了吧！但我並沒有採取行動，當她生氣，如果我再說的話，她可能會更生氣，所以我的任務失敗。現在，我們要寫「設法改變學校，並採取行動」，這次我只花九牛一毛之力來想，卻想到滿多點的。

好了，要開始囉！第一、四年仁班教室前樓梯扶手，常見到許多小朋友坐在上面，當成溜滑梯一樣溜下去，希望您在升旗時宣導，這樣就可以留住一條人命喔。第二、四年愛班教室前的圍牆（有小石子的那一道），上面有一條小小的欄杆，有些同學會坐在上面，就只靠一條欄杆支撐住，很危險的，希望大家看到都可以幫忙提醒。

總之，身為竹林國小的一份子，希望未來可以更好，能讓學童們有個舒適、安全的學習環境讀書，並且讓孩童快快樂樂的出門，平平安安的回家。

我也有一個想法：除了您的宣導，我會寫牌子，讓大家知道這個的危險性，樓梯的事也一樣，這樣，應該就解決了。

祝　平平安安

四愛學生 小恩 敬上

親愛的老師們：

我是四年愛班的小忻，上一次，宋老師要我們改變家庭，並採取行動，還滿成功的。所以現在我的阿公抽菸都會到外面去抽了。但是這次我不是要改變家庭，而是要改變「學校」，我要改變的是科學館的下面，不要讓學生進去，因為裡面很暗，而且很偏僻，可能會有壞人躲在裡面，如果讓學生進去，可能會很危險。

現在我想建議您們幾個方法：一、拿一個鎖，把門加鎖；二、如果體育課看見有同學進去要提醒他；三、做一個告示牌；四、請老師朝會時多宣導；五、請學校加裝攝影機，如果有壞人進去，可以把長相公布出來，請大家小心。以上這些方法都可以保護學生，如果用這些方法，就可以降低危險的機率了！

祝　平安、快樂

四愛學生 小忻 敬上

親愛的賴校長：

您好嗎？我是竹林國小的游阿宇，上上星期三，宋老師出了一個「改變家庭」的作業，我想到可以改變早餐的食物，原本每天都吃不健康的月餅，現在我改變家庭，讓早餐吃水果，我覺得很有趣。今天老師出的主題是「改變學校」我覺得學校的竹林很危險，因為，有一次我去打掃竹園時，很多人說有蛇，害我全身起雞皮疙瘩，很可怕。

我覺得可以放一個牌子，上面寫著「有蛇，請小心」！這樣有人被咬到的機率就可以減少了。

敬祝　平平安安

四愛學生 阿宇 敬上

親愛的趙伯伯：

我要跟您介紹，之前我們有寫設法改變家庭，現在我們要寫設法改變學校。趙伯伯，我們竹林國小的竹園很髒，而且還有蛇出沒，我想請您幫忙一下，我的計劃是用東西嚇跑就好了，不要打死牠，如果趕不走，就把牠抓起來丟掉，如果抓不了，就請消防隊來抓走牠，不然我們打掃竹園的人都不敢進去打掃，可以幫我們抓走牠嗎？如果可以的話，那我會很感謝您，如果可以，那就請您用抓的或用引誘的都可以，等您把所有的蛇都抓走之後，我也會進去裡面把落葉全部撿完的，也可以在竹園邊灑石灰，我聽爸爸說，建築材料行那裡有石灰，您可以去那邊買石灰哦！

祝　身體健康

四愛學生 阿齊 敬上

親愛的趙伯伯：

您好！我們上次有寫要設法改變家庭，我要改變的是爸爸抽菸和喝酒的習慣，我的策略是提醒爸爸不要喝酒或抽菸，可是都沒有成功。

趙伯伯，竹園裡面有一條蛇，您可以用我的方法把蛇處理掉嗎？一、請把蛇抓起來，帶到深山裡去放掉。二、我用木板做一個不要進去竹園的標誌。三、請校長輔導小朋友不要進去而且遠離竹園，才不會被蛇咬而受傷，如果看到蛇就快點遠離。如果可以的話，請您用我這些方法把蛇處理掉，才不會危害竹林國小小朋友的安全，而且我們班打掃竹園的小朋友不敢靠近竹園，希望您可以解決我們的問題。

敬祝　快樂平安

四愛學生 阿彥 敬上

親愛的班長：

你好嗎？我是楊阿群，我上次改變爸爸的計劃有成功，這次我要改變你，因為我發現你在請同學安靜時，同學都不聽你的話，還是繼續講，直到老師出面來制止，他們才會安靜。我知道你既難過又生氣，一定也害怕同學以後都不聽你的話，變得無法無天，甚至讓你無法控制。

今天宋老師請我們寫「設法改變學校或一個人，並採取行動」，讓我想到了你，也決定改變，我的行動是：一、請他安靜；二、請他把他說的話寫五十遍。

祝 開開心心

同學 阿群 敬上

校長您好：

我是四愛的黃小辰，上上一封「設法改變家庭，並採取行動」的信，雖然我寫要全家十點鐘就準時上床，並且十點半前，全家都要睡著。但是這個計劃仍然未成功。

校長，我寫這封「設法改變學校，並採取行動」，有一個問題需要校長和我一起進行，就是我覺得籃球場應該可以離司令台近一點，這樣，跑回教室可以比較快速，否則有些人回到教室都會超過兩分鐘；不然也有另一個方法，可以在籃球場裝一個和學校一樣時間的鐘，讓同學鐘響前一分鐘就離開，如果還有人未離開，就用廣播提醒他們離開（要看到有沒有人沒離開，可以在籃球場裝一個隱形監視器觀看）。

祝賴校長 身體健康、能連任當校長、平平安安

四愛學生 小辰 敬上

黃阿姨：

幾個星期前，宋老師給我們一個挑戰，就是要有一個設法改變家庭的計畫。我要改變的是，弟弟不要常常發脾氣，這樣對身體不好。我的方法是：只要他開始生氣，就小小聲的叫他冷靜，真的有成功一點點喔！但是……今天宋老師又出了一個難題，就是設法改變學校，宋老師說可以改變老師和校長，我想了想就想到了您。以前我第一次去找您影印的時候，我覺得有一點害怕，因為您不常笑，表情看起來好像在生我的氣（請您不要介意！），所以請您幫別人影印的時候帶一點笑容。我想我去影印時也可以帶笑容去，這樣你也會對我笑。

祝　平安

四愛學生 小君 敬上

親愛的校長：

校長您好，我是小雪，我們之前有寫過設法改變家長。我的策略是親自跟家長說，但我的策略失敗了，這次不一樣，是設法改變學校，我想改的是遊樂器具和學校教室，遊樂器是因為有兩個在竹園很遠，每次上課會遲到，另外兩個是在一年級旁邊，所以一下課時，就會被一年級的弟弟妹妹佔走了，所以我們大哥哥大姐姐下課時就沒得玩了，所以我們大哥哥大姐姐下課時就沒事做，只能玩圍棋，我覺得遊樂器具很少。我的策略是請校長說什麼時間大哥哥可以玩遊樂器具。學校教室的話，要好好整理，而且那個天花板角落也很不乾淨，教室的牆壁白色變黑色，所以要漆油漆，我的策略是帶油漆來漆。

祝　平平安安

四愛學生 小雪 敬上

孩子與生俱來的悲憫天性，只要稍加催化，就可以讓整個大環境更人性。孩子在「隨時」惦記著的「讓愛傳出去」理念下，成長軌跡會多一份感恩之心。

整個主題活動的推展，全程都是在「提問比給答案重要」的對話中進行。

老師和家長都要加油！

論語教學篇

當六年孝班遇見孔老夫子——論語「畫」對話教學

我在二〇〇四年暑假的山東之行，拜會了當時兩千五百五十五歲的孔老夫子。在孔廟前，行「三跪九叩」禮的當下，腦門恍惚被重重一擊。以小學教師身分參訪孔廟的意涵該有別於一般遊客的心情吧！回台灣後可以做什麼？回教學現場又可以做什麼？兩千二百五十五歲的歷史人物對小學生有什麼意義？這個歷史人物留下的萬世不朽的經典《論語》，可以帶給小學六年級的孩子什麼樣的智慧光芒？

＊

「這學期開始，我們每週要讀一句兩千五百五十五歲的『老阿公』說的話。」

竹林國小六年孝班的孩子，一聽到這句話，不可置信溢於言表：「哇！」「真的喔！」驚嘆連連。

「是的！這個老阿公就是孔子。」我盡量用十二歲孩子感興趣的話語引領他們進入論語的智慧天堂。原則上，每個星期一的第一節課是六孝的論語時間，我會配合當週各學習領域的教材要點，揀選適宜的一句論語，也會參酌前一週孩子互動的人際關係，調整對話提問，透過「有效提問、接納傾聽」展開每一週與孔子對話後的生活實踐力。學期即將結束了，六孝陸續讀的幾句論語，分別是：

「學而時習之，不亦悅乎，有朋自遠方來，不亦樂乎！人不知而不慍，不亦君子乎？」

「吾日三省吾身：為人謀而不忠乎？與朋友交而不信乎？傳不習乎？」

「三人行必有我師焉。擇其善者而從之，其不善者而改之。」

「君子成人之美，不成人之惡；小人反是。」

「見賢思齊焉，見不賢而內自省也。」

「我非生而知之者，好古，敏以求之者也。」

「由，誨女知之乎！知之為知之，不知為不知，是知也。」

「子貢問曰：『孔文子何以謂之文也？』子曰：『敏而好學，不恥下問，是以謂之文也。』」

「君子有九思：視思明，聽思聰，色思溫，貌思恭，言思忠，事思敬，疑思問，忿思難，見得思義。」

與孩子討論過程中，經常有噴飯「笑」果的精彩師生對話，印象最深刻的一次是：

師：人不知而不慍，「不慍」就是「不要生氣」的意思，如果遇到別人並不了解我們有多厲害……

生：老師，我知道啦！就是「不要臭屁」啦！

哎呀！孔老夫子要是在場，也會讚嘆用現在學子經常掛在口中的「麥臭屁」（台語）來詮釋兩千多年前的文人用詞「不慍」，比起「謙虛」「不驕傲」真是傳神、貼切多了！

讓孩子最有踐行力的那一句論語是：「三人行，必有我師焉。擇其善者，而從之；其不善者，而改之。」連續兩週的時間，孩子得每天依號碼順序關懷班上「兩位同學」和「自己」所成的「三人行」，用心的認識並記錄那兩位同學值得自己「從而習之」的「善」，在取自《論語，子張篇》的《日知錄》上寫出激勵自己向上提昇的踐行方法；也要深度的觀察並筆記那兩位同學帶給自己「不善之感」的警惕言行，並寫出避免自己向下沉淪的改進之道。我甚至進一步指導孩子除了避免跟「他」一樣外，還能如何幫助「他」呢？

整理孩子們的「三人行」論語體悟「日知錄」如下：

◇我要學習他的是上課舉手要快一點，不然機會就要給別人了，所以我舉手時，要充滿爆發力馬上舉手發言喔！

◇我要學習他的是，閱讀書本時，不要和旁邊的人呢喃細語，要專心看書，不要分心，所以我看書要專注。

◇我要和元培學的是要幫助別人，不可以破壞別人的好事。

◇我要和尚霖學的是很有自信，就算做錯也沒關係，用心就好。

◇我要和國慶學的是頭腦要靈活一點，以後老師問什麼問題最好都能回答。

◇姿君今天舉手發言，又說得很大聲，老師很欣賞，我學到：舉手發言時說話要大聲。

◇懿菁今天沒拿到書，就趕快去問詩瑩，我學到了：**遇到事情要自己解決**。

◇今天社團時間我們熱舞社在想要編什麼舞，忠班的亦涵在說話時，庭嬅很注意在聽，我學到：**別人在說話時，要專注**。

◇雅婷有時會說：「ㄟ！順便一下。」這點我就不要學習，我覺得什麼事都應該要自己來。

◇許甯功課不但很好，上課又很認真，也很會舉手發言，但是他跟我說話時都很兇，我學到了：上課要認真，常舉手發言，說話的口氣不要那麼兇。

◇今天我在奕霖很忙的時間問她：「這個字怎麼寫？」我以為她會說，你去問別人，結果她竟然告訴我了，我學到：無論有沒有時間，都要去幫助別人。

◇今天下課張瑋在踢毽子，不小心踢到我了，我真想罵她時，她卻跟我說：「對不起！」還好她反應快，不然我早就罵下去了。我學到了：打到別人或踢到別人時，要馬上說對不起。

◇今天若涵把垃圾桶旁的垃圾撿起來丟入垃圾桶，我學到了舉手之勞，只要看到有垃圾就要隨手撿起。

◇詩瑩很會幫助別人，老師說有要幫忙的地方，詩瑩總是會主動幫忙，我學到，老師有需要時，**要主動去幫忙**。

◇今天老師問，誰想出來念課文，佑承勇敢的舉手，我學到：**不管做什麼事都要勇敢**。

◇蔡耀德他上課非常的專心，可是我都會分心，他還會提醒我呢！

◇阿倫說話時，總是咿咿呀呀的，我都聽不懂他在說什麼，所以我說話要說清楚。

◇藍偉晉他跟別人玩的時候，**輸了也會甘願，風度很好**。

◇簡若涵念課文時，都很小聲，下次我要叫她大聲一點。

◇李學典如果在打掃時看到蔡元培來了，他會去幫忙，我要學他熱心助人。

◇彭國慶上課時，常跟我一樣偷偷看書，所以我需要跟他說：「已經上課了，不要再看書了。」

◇我可以學到佑承**感恩人的心**，因為他在造句裡有提到我們六孝都對他很好，所以我要學習他感恩的心。

◇ 我可以學到彥成求學的精神，因為今天彥成被虎頭蜂叮到，他家長要帶他回家休息，但他堅持要上完下午的課，所以我要學習他求學的精神。

◇ 我要學習逸承**努力不懈的精神**，因為今天中午喝雞湯，逸承就在雞湯裡面努力不懈撈雞翅，最後終於被他撈到了，所以我要學習他努力不懈的精神在讀書上。

◇ 我要學習阿倫**突破自我困難的精神**，雖然阿倫本身有一些障礙，但他認真突破自我，想跟正常人一樣，當然我們及宋老師也是幕後的大功臣，所以我要學習宗倫突破自我的精神。

◇ 我要學習學典**熱心為班上服務的精神**，因為五年級時學典自願要當餐車族，六年級時他還是自願當餐車族，這種為大家服務的精神，我要學習。

◇ 我可以學習到芷棋的記憶力，因為她常常幫老師泡茶，老師有時要泡花茶，有時要泡七葉膽……。要我的話一定記不起來。所以我要問芷棋用什麼方法才不會忘記。

◇ 我可以學習到嘉盈的寫作能力，因為嘉盈的每篇文章幾乎都入選，我想除了宋老師教導有方外，想必嘉盈一定常常看課外讀物，所以我要**常常看課外讀物，寫作能力才會好**。

◇ 詩翰很主動去推餐車、搬餐桶，我要學習主動，老師如果需要幫忙，我會熱心的幫忙，不過我不要學習他常常說廢話，希望他能改進。

◇建智今天上課一直舉手發言，說出他的許多想法，讓我學到很多知識，這點值得我去學習，下次發表的時候，我也要很快的舉手，跟大家分享我的經驗。但是他今天被藍偉晉說打掃的時候，沒有掃乾淨，我希望建智下次掃的時候再細心一點，或是請別人幫忙檢查。

◇今天老師跟尚霖說要換位子，老師只跟尚霖說了一次，尚霖下課馬上就跟雅婷溝通，尚霖很主動不會讓老師一直提醒她。

◇逸承很會開玩笑，很幽默，他這樣子化解尷尬的場面也可以逗別人開心，我可以學習林逸承的這一個優點來逗大家開心。可惜的是林逸承跟我一樣是健忘的人，所以我要請常常在我身邊的人提醒我要做什麼，如果林逸承下次作業又忘了寫，我要請他的小老師蔡佑承更用一份心提醒他。

我高興於孩子們對善惡有清楚的判斷，也高興於孩子們對同學有深度的了解，更高興於孩子們不只是紙上談兵，「從之」「改之」漸漸成了六年孝班「全面接納班級經營」的通關密語。

除了「三人行」帶給孩子深刻的體驗，從其他幾篇「論語踐行週記」也或多或少讓孩子的生活受到觸動，如：

文昇：這個禮拜，我如果有做錯事就會反省，看今天為什麼要做這件事，檢討有傷害到別人嗎？我和曾子一樣「吾日三省吾身」。

許甯：這週我看到懿菁在幫助小佑，這算君子的作風。可是小佑上課跟宗倫說話，這樣就是小人。因為「君子成人之美，不成人之惡」。

嘉盈：「有朋自遠方來，不亦樂乎？」今年暑假，表妹從台中來我們羅東玩，我們已經很久沒見面了，我很開心。

國慶：「知之為知之，不知為不知」，這一週我去「毽子」社團時，看到大家都會側踢，只有我不知道如何側踢，不過我不會就是不會，慢慢學就會了。

懿菁：要對別人忠心，尤其是你身邊的人，不要出賣他們，不然別人以後不會信任你，那你的信用也會破產，更要每天自我反省。

詩翰：星期一我是小人，因為別人在踢毽子，我在旁邊鬧他們，一直說「輸」「踢不到」……等的話。

慧明：「我非生而知之者」，我雖然不是天才，可是我現在上課都有認真聽。

庭嬅：「擇其善者，而從之；其不善者，而改之。」今天我看到哥哥在照顧阿嬤的情形我真該學習，但是他每天坐在電腦前玩很久，所以我不可以學他這一點。

尚霖：「敏而好學，不恥下問。」我數學不會時就去問老師，問了就會了。

元培：我的社會一直考不好，是我非生而知之者，但後來我「學而時習之」，現在的社會才會考得那麼厲害。

「善者」「不善者」「從之」「改之」在孩子心田裡撒播了「仁者，人也」的種子，孩子們理直氣壯、盛氣淩人、得理不饒人的無禮樣態正在減少中，偶而還聽得到他們借用那一位「老阿公」的話互相調侃，也看得到他們適時的引用《論語》來造句作文，尤其從他們每週週末的「論語畫」，更嗅得出孩子慢慢在親近那一個兩千五百多歲的老阿公，至於能否在「回歸人文精神」的教學上發芽，甚至開花、結果，則有待六年孝班親師生日後持續的對話激勵。

最後一句「君子有九思」六孝班級讀書會讀最久，因為除了配合國語課本最後兩大單元的「思考與生活」和「媒體與報導」，都需要修養深度思考的功夫外，也藉「辯論激發思考，思考讓人進步」的學習目標，鼓勵六孝孩子將辯論的技巧與態度用在社會領域的「傳統文化」批判中。於是孩子們對「君子有九思」這句論語耳熟能詳，經常在同儕互動中還可以聽得到孩子們用「九思」的標準互相激勵呢！

期末語文領域總結評量，六孝有一份「論語特考」，第一大題是默寫這學期讀過的十句論語，第二大題是「宋老師的成績單」：請從「君子有九思」的努力目標送給宋老師一張成績單，對於宋老師表現得很好的地方，給宋老師鼓勵和肯定；對於宋老

曾子曰:吾日省吾身、
為人謀,而不忠乎?
與朋交,而不信乎?
傳,不習乎?」

生出來!什麼都不會
後天而努力
子曰:「我非生而知之者,好古,敏以求之者也。」

子曰:「學而時習之,不亦悅乎?有朋自遠方來,不亦樂乎?人不知而不慍,不亦君子乎?」

曾子曰:
「吾日三省吾身
為人謀,而不忠乎?
與人交,而不信乎?
傳,不習乎?」

論語畫

師還需要加強的地方，也請不客氣的提出來，讓宋老師在下學期還有可以改進的機會。如果你能舉出實際的例子，就更能幫助宋老師早一點成為「有九思的君子」。

感謝孩子對我的信任，童言童語中，我更清楚下學期在「六孝班級經營」的努力方向：

評分者：慧明

一、是視思明，因為宋老師雖然近視加老花，但是我們一有小動作，馬上就被她抓到了，總是逃不過宋老師的「法眼」。

二、是聽思聰，最近有人嘴巴很激動，雖然應該很小聲（如果太大聲的話，不就被抓到了嗎？）但是仍然逃不過宋老師的耳朵。

三、是色思溫，因為宋老師即使很生氣，臉上仍然保持著笑容，如果是我，臉不知道會臭成什麼樣子呢！

四、是貌思恭，因為宋老師每天衣服都穿得很整齊。

五、是言思忠，因為宋老師說的話都真的忠於自己的意思，從來沒有跟我們說過謊，此外，宋老師也不斷的提醒我們要忠於自己所說的話，例如畫自己的手時，老師說先畫拳頭，然後我接著說：「握拳，然後扁自己」，結果真的被叫出來扁自己，扁了三下才回去，真的好糗喔！

六、是事思敬，因為宋老師做任何一件事都是很用心的去做，不像我，有些事情隨便做做就算了，例如：我學英文。

七、是疑思問，因為宋老師每天宣布回家功課之後，都會問：功課會不會太多啊？要不要來學校補？不像以前的老師，功課出很多，寫都寫不完，到學校補又被處罰，真是「啞巴吃黃連」有苦說不出，所以，我也要學習宋老師的精神。

評分者：立為

【好的部分】

一、聽思聰：聽不清楚我們說的話，會叫我們說大聲一點。

二、貌思恭：平常都會面帶笑容。

三、疑思問：我們寫作文、造句寫得怪怪的，都會問我們這是什麼意思。

四、見得思義：老師撿到東西都會問這是誰的。

【改進部分】

一、視思明：老師有時候改作業都會改錯。

二、色思溫：老師這學期有生氣。

三、言思忠：老師說這學期不打人，結果還是打人。

四、事思敬：老師說要跟我們辯論，結果也沒有。

評分者：文昇

宋老師的辦事能力是大家都肯定的，不管遇到什麼事情，都難不倒你。雖然很多次老師都說A是個不好的學生，放棄好了，可是宋老師你並不這麼認為。你覺得沒有一個人，一生出來就是壞孩子，所以你就一直不放棄一絲絲的希望，每天指導A，教他數學，這是我敬佩你的地方。目前我還沒有發現你有什麼需要改進的地方，不過你如果保持現在對我們的樣子，應該沒有什麼大問題了。

評分者：晏琪

我覺得你還不錯，因為你都會帶我們玩，不過你有點偏心，尤其你對B特別好，害全班的人都很討厭她，所以我們希望你不要偏心，而且你聽寫都讓她出題，這樣對我們不公平，我們覺得很不是滋味。

評分者：國慶

1、宋老師的脾氣分數九十八分，因為這一學期有一兩次因為某人而發脾氣，所以沒有滿分。

2、宋老師的教學態度一百分，宋老師每一次上課都不會用罵的，只有用說的，所以滿分。

3、宋老師出功課方面六十一分，宋老師出很多功課，回家有時要寫到十點呢！所以要加強喔！

評分者：凱傑

宋老師有做到事思敬，因老師上次對蔡佑承生氣後，晚上會冷靜的思考這件事，不會隨隨便便的。

宋老師應該加強疑思問，今天蔡佑承去比賽跳高，但老師以為蔡佑承翹課，不過還好，後來查清楚了老師有道歉。

評分者：筱芸

宋老師我覺得您做事都很謹慎及小心翼翼，上課也多才多藝，還有帶我們去一些特別的地方，讓我們了解您帶我們去的地方有什麼意義，除了上課時，您要說得更明白一點以外，其他都很好，希望下學期您也能夠帶我們出去外地教學，也讓我們學習更多豐富的知識喔！

評分者：芷棋

宋老師我覺得您都表現得很好，尤其是，有時候有些同學沒有交功課，您不會打他或罵他，以前我家裡電腦不能上網時，有些您出的功課我沒辦法完成，您不會罵我，反而問我要怎麼解決，讓我可以交功課，如果老師把這一點保持好，那你就是我心中的好老師。

評分者：嘉盈

我覺得宋老師很好的地方有：如果有人數學不會，宋老師會用他能理解的方式，讓他慢慢學。宋老師上課也會用生動活潑的教學，讓我們並不覺得無聊。宋老師常培養我們優雅氣質，在音樂廳要優雅，在餐廳要優雅，在很多場所都要有優雅氣質。宋老師也訓練我們要自主，不要總是有人在旁催促。再來是負責任的態度，許多事情都要負責任，具備這三個條件——優雅、自主、負責任，才能在社會上立足，不被人討厭，這就是宋老師訓練我們的目的吧！

評分者：奕丞

我覺得宋老師功課出得太多了，只要再減少一點，一定可以變成好老師。

請妳先「聽思聰」，不然妳會誤會別人，希望妳功課出少一點，不然我們會寫到很晚，我這一年半看老師的表現，只有兩點要改進，其它老師都做得很好，老師加油！繼續努力吧！我們等著看妳的表現。

「老師加油！繼續努力吧！我們等著看妳的表現。」哇！孩子們多仁慈啊！

讀完每一個六孝孩子給「宋老師的成績單」，我彷彿經歷了一場孔老夫子兩千多年前邀集眾多弟子「盍各言爾志？」（《論語．公冶長》）的對話場面，除了深聽、用功踐行，下學期用實際表現回應其中幾位孩子的期望，一時之間還不知道要如何回應六孝孩子對宋老師這學期成績單的「各言爾志」！

當初始料未及，讓六孝孩子遇見兩千多年前的「老阿公」，竟能激盪出這樣豐富多元的對話成績，真是感謝孔老夫子的智慧呀！

竹林國小論語對話觀摩教學

一位曾經聽聞我在二〇〇四年對一群十一歲的小學生進行《論語》對話教學的朋友，十五年後，邀請我以《論語》為主題，對宜蘭縣羅東鎮竹林國小五年愛班的全體小朋友進行一場四十分鐘的「四層次提問法」教學示範。於是一個自主性的「對話教學研習」就這樣誕生了。

我選用〈學而第一〉來和第一次見面的青春期孩子聊孔子。

子曰：「學而時習之，不亦說乎？有朋自遠方來，不亦樂乎？人不知而不慍，不亦君子乎？」

輕鬆開場後，我在黑板寫上「學而時習之，不亦說乎？」陸續提問：

◇為什麼這一句末用「？（問號）」？

◇大家曾經「學」過什麼？

◇什麼是「習」？

◇「學」了之後，為何要再練「習」？
◇「習」為何要「時」習？
◇大家有過什麼「學而時習」的經驗？
◇「學而時習」就會有「愉悅（說）」的經驗嗎？

有孩子提到第一則「跳繩隊」的「時習」例子；
有孩子提到第二則「玩手遊」的不斷練習的經驗；
有孩子提到第三則「練習騎腳踏車屢屢失敗」的經驗；
很棒吧？

我帶大家照樣造句出「騎而時跌之」的句子，接著帶孩子討論：

◇「為什麼騎不來」？
◇「怎麼克服困難？」
◇「練習什麼步驟可以繼續學會？」

以上，已經是一個完整的「四層次提問」。
我又在黑板寫下「有朋自遠方來，不亦樂乎？」以下是鋪陳的問題順序：

◇「朋」的意思？

◇為何朋友從「遠方」來？

◇有朋友從遠方來，發生了什麼事，讓我們覺得「樂」？

孩子們答：「帶禮物來、來煮菜給我吃。」我再問：「除了這些有形的，朋友還帶來一些『無形』的嗎？」

一位很大人樣的孩子答：「高科技」。

我請這孩子多說一些。

他說：「好朋友會教我一些科技新知，讓我增長見聞，所以我很快樂。」

在黑板寫下「人不知而不慍，不亦君子乎？」但快下課了，徵求孩子們的同意，我說把這一句交給該班的林老師，讓林老師和孩子繼續互動，相信肯定會激發許多對話的「可能性」。

觀課心得分享：

學員一：

我很欣賞宋老師的提問：「為什麼每一句末都用『？問號』？」

回顧自己的學習經驗。記憶中的《論語》，大都是教條。雖然從小發自內心景仰孔子的人格精神，但所記得的內容少之又少，也就更談不上應用。難得能記得「學而篇」的正文內容，卻也理所當然的就把「這個問號」的思考給忽略了。

當宋老師開頭還沒講正文，就特別提問點出「這裡為何要用問號？」讓我反思：問號本身又具有什麼意義？以此來挑起孩子的好奇心、接納心……，藉以搭建起台上台下交流的橋樑。這招真高！

呼應自己的生命經驗：曾經在森林小學教過書，明知道不要用填鴨式教學，但總不自覺的掉入說教的模式。雖然努力與習氣拔河，卻是屢敗屢戰。因為從小到大都是在這種環境中薰習，雖然自己不歡喜被這種方式教導，竟又不自覺的重復著同樣模式。

現在覺得學佛最大的好處：「自覺」，要自覺，當先自問。

在根塵相應、生識的當頭，即問「？」

是真的嗎？

只有這一個角度嗎？

只能用這種名言嗎？

即身五蘊，觀緣起……

宋老師在我們觀課後的分享，提到她的三顆心：好奇心、接納心、祝福心。我是真的心有戚戚之感。在面對所有人事物的當下，先把此心安好，好奇心：空性相應的般若智慧（放下先入為主的預設立場）；接納心：觀察當下緣起（再檢除，不令參雜己見）；祝福心：作願彼此終成佛道（無限生命的自他共利）。

感謝吾愛——「五愛」班同學及林老師、宋老師及同參道友，更感謝廖老師教我不離「世間」，終於慢慢能體會到一點〈出世間〉的覺味。

學員二：

宋老師的「四層次提問」，我今天是第一次聽，對它的來龍去脈並不是很清楚，但老師的教學方式，我在二十幾年前也曾用過類似的方式跟國中生互動過，因為只用過一次，所以無法知道學生的事後反應，不過在這次跟竹林五愛學生的觀課中，我發覺每個人都是一塊有待開發的礦產，裡面都含藏無量的寶物。未琢磨的瑰寶，未來佛在我腦裡乍現。這堂課讓我更確定每個人都有無限的可能性。

宋老師熱情的態度讓人沒有隔閡，能讓參與者很快的與她融入，老師巧妙的誘導同學們自發式的思考，能激發出每個人的想像空間，同學與同學間在不知不覺的互相激盪中，也跑出很多不在意料中的答案，在教與學當中，受益的不是只有被教的，在台上教學的也需要台下人的共鳴。看到同學們熱心的參與討論，我們旁觀者也熱情澎湃，在那個當下，我彷彿也是一位小朋友。

我很高興今天能參與這堂觀摩課程，補充了很多能量，本來已奄奄一息的生命，好像又燃起了火苗，發揮生命，就是佛法。

學員三：

宋慧慈老師的「四層次提問法」，基本上是指

（1）記憶性的問題

（2）覺受性的問題

（3）詮釋性的問題

（4）創造性的問題

一年多以前，廖老師曾經邀請宋老師來給有興趣學習的學長們授課，此次則是宋老師親自示範四層次提問法的進行步驟與功效。

這個四層次提問法，原本只是為了改進現在的「填鴨式兒童教育」，沒想到回響很大。在學習與觀摩的過程中，我一直覺得它跟上班族常常用的「腦力激盪」和「溝通技巧」很類似。宋老師的示範過程中，不批評、不分析、不比較，強調的是「以提問取代給答案」，完全展現出親和力的領導風格，讓人有如沐春風的感覺，也讓人非常樂意接近她，勇於向她提出問題，而不必擔心自己的問題對不對、適不適合。

但是，這跟我們有什麼關係呢？

廖老師為什麼希望我們學習「四層次提問法」呢？廖老師認為四層次提問，就是五蘊現觀，也是四念住，也是唯識觀。而我的想法是，四層次提問，不只是在問別人，更是要先問問自己吧！

當我們在觸境時，我們用什麼方法來覺知內心起了什麼受、想呢？當我們有了受想，怎麼樣詮釋這些受想，或說怎麼樣提醒自己不要隨順習氣的流轉呢？

四層次提問法的自我對話是個初步開端。我個人以為，前三個層次的自問自答，就可以消融煩惱了，但是到這階段的沒有煩惱還不夠徹底，因此要進入第四層次，換言之，前三層次是「苦集滅」，第四層次才是修道開始。

四層次提問方法是個方便善巧的開端，能讓我們一層一層如剝洋蔥似的從四如實知下手，進到四如實智的目標。

反思：不知道這個四層次提問法，適不適合用於目前「攝大乘論」的共修？對我而言，四層次提問的對話教學，就是五蘊現觀，也是四念住，也是唯識觀。

所有的「都是」，只是看使用這個「法」的「人」，是用什麼「心」？面對與處理什麼「境」？以什麼為「上首」？

是「世間」？還是「世間覺」？

只要「問對問題」，孩子思考的引擎就會啟動，任何的經典必定都可以學會。

對話的精進修練Q&A

天馬行空的提問

《禮記．學記》篇：「善學者，師逸而功倍，又從而庸之；不善學者，師勤而功半，又從而怨之。善問者，如攻堅木，先其易者，後其節目，及其久也，相說以解；不善問者反此。善待問者，如撞鐘，叩之以小者則小鳴，叩之以大者則大鳴，待其從容，然後盡其聲；不善答問者反此。此皆進學之道也。」

問題一：提問可能不難，但對於天馬行空的答案，要如何處理？要幫忙歸納嗎？

我對「善問者」及「善待問者」特別有感。這真是個好問題！也許先探究「為什麼與某些孩子的對話，總是無法流暢且綿延？」

我自己對孩子天馬行空的發言，通常會肯定他「至少」還活在我的教室裡。只是，也許他抓不到問題的重點，也許他的腦袋很糊，也許他習慣於跳躍思考……不管哪一種，都需要老師的善加誘導。如果他抓不到問題的重點，可能是我們在提問時的問題設計，層次不清楚，甚至亂了套；如果他的腦袋有點糊，就需要我們幫他拉出幾條軸線；如果他是跳躍式的思考，更需要老師幫他整理，教他學會「有組織的架構」。

所有的對話關係，都先由我們（身為師長的）自己來修練起。因為**既然選擇了「對話」而不是訓話，決定了「要教人」而不是「只教書」，那麼就先學習放下「自己的想要」（預設立場），才能看到「對方的需要」（真正的尊重），也才能從對方的天馬行空中，聽到跟談話主題有關聯的蛛絲馬跡**。如果我們的心裡已經先認為他「又」在天馬行空了，我們會急著「希望」（Push）他趕快說到重點，反而沒有辦法聽到他的發言中，也許是智慧的靈光。

我自己也是修練了很多很多年，在踢到許許多多鐵板之後，才學會「傾聽，不只要用雙耳聽，更要用『心』聽。」於是，現在的我，也就比較不會認為誰的答案是天馬行空。

問題二：您一連串的層次問題，是一（師）對一（生）的進行嗎？課堂上其他學生怎麼辦？

這也是一個好問題，更是我做「大人」的現場對話示範時，經常會被問到的一題：

「會發言的，都集中在幾位孩子，大多數孩子是靜默的。」

一開始，我就跟他們建立一個默契，我說：我們來學習「一次只有一個人說話，如果你有想法要說，請你舉手，我會盡快把我的話告一段落，然後讓你說。因為如果一次太多人說話，我的耳朵會『迷路』。」

以上這段開場白，是我的班級經營對話教學最強調的。當然很重要的是，我總是找到孩子喜歡討論的議題，所以，孩子都樂於參與。

但，並不是每一個人都會、都要發言，這就是我經常會被問的題目。其實，任何一個團體的組成，大多數成員是沉默的，幸好有一些意見領袖或者擅長表達的人會貢獻想法，才能讓團體會談流暢，且多彩多姿。老師要留意每一個孩子的眼神，瞬間評估他（她）是不是參與在這一個討論當中。不過，千萬不要點名、甚至強迫孩子一定要發言。

這樣的「四層次提問」對話教學，最大的特色是：孩子學到的，不會只是老師的「一言堂」而已。孩子可以聽到年齡相仿的同儕類似的經驗，也可以分享同樣年紀才會有的生活故事。關鍵還是在於老師能不能用「接納心」傾聽，用「祝福心」回應。而且老師要把握機會肯定每一個孩子的發言，不是只能肯定孩子發言的內容，也可以肯定他發言的儀態、聲音，甚至於是「願意發表」的勇氣。

基於「孩子都是朝著被鼓勵的方向前進」，在一次又一次會談後被老師肯定，就會有更多的孩子敢於表達想法，一定也會更專注於團體的討論。

回到「一（師）對一（生）」對話的提問，我的學習心得是：當一個老師擁有好的對話能力，就可以跟學生建立信賴的師生關係，在必要一對一諮商的時候，輔導功效絕對是出乎意料的好。

先回應「心情」，再回應「事情」

在推動「四層次提問」對話教學時，我一直鼓勵參與者：在回應時，要先回應「心情」，再回應「事情」。用「全然接納的聽」加上「感同身受的情」來回應，當對方感覺到自己被認同，感覺到我們是與他（她）同在，對方才聽得進我們的話。

曾經在清華大學中文系華語師資組「華語閱讀」對話教學示範後的問答時間，有一個案例可以分享。

一位我稱她「魏主播」的女孩，提到她的家教孩子很喜歡抱怨：「為什麼題目這麼難？」「為什麼字的筆劃這麼多？」問我要怎麼處理。

我沒有直接給答案，而是帶著三十位大學生一起來思考：

1、你喜歡跟「愛抱怨」的人在一起嗎？

（不喜歡）

2、當你「認為」對方在抱怨，你會有什麼反應？

（很煩）（想逃）（不想聽）

3、如果我們不要先入為主的認為對方是在抱怨，轉而當成他對我們有一份信賴，是在跟我們表白他的心情，那麼我們又會是什麼樣的態度呢？

（聽他說）

4、能夠讓對方感受到我們和他是同一國，他會跟我們說更多，那麼我們才有機會陪他走下去，甚至會激勵他自己去找出面對和解決的方法。

我鼓勵魏主播及其他大學生下次再聽到家教孩子這一類的心情告白，先呼應孩子：

「對吼！怎麼題目越來越難。」

「哎呀！筆劃這麼多，好難寫。」

與對方的困境同在後，再問「怎麼辦呢？」「需要老師為你做什麼呢？」

我自己屢試不爽的經驗是：當對方的心情被我們接受了，事情往往也就解決一大半了。怕的是，我們沒有耐性傾聽對方的心情，而急著告訴對方「不要這樣想」「你想太多了」。更怕的是，從自己的角度直接給了對方建議，還不讓對方申辯。

所以，對話時要常常反思：我的回應是在榮耀對方？還是在炫耀自己？

傾聽與回應

全球心寧靜教師團在一整天「有效對話」師資培訓課程後，開放現場提問。

麗如問：「傾聽，如何讓小孩子把自己的想法講出來？這需要什麼技巧？」

我問：「我們真的可以做到全然接納的聽嗎？這才是要先修練的功課。」

麗如再問：「如何覺察自己已經全然的接納？」

我帶領團員思考：「你有沒有曾經遇到過一個人，讓你講話講到一半就不想講了？」

眾人回：「有。」

我：「那個人是怎樣的狀態，讓你不想講下去？」

團員A：「沒有認真聽。」

我：「從哪裡感受到那個人沒有認真聽？」

團員B：「插嘴。」

我：「對！我們還沒講完他就插嘴，會讓我們不想講。有沒有可能他並沒有插嘴，但是我們已經從哪裡感受到他根本不想聽？」

團員陸續回：「不耐煩」「眼神沒有對焦」「他講的比聽的多」。

我：「所以，我們就不想講了，對不對？」

我鼓勵團員：「所以，我們要先避免這些言行舉止。如果我們真心要聽對方講，我們就不要插嘴，要有耐性的把對方的話聽完。」

我接著舉一個課堂上才發生、還熱騰騰的例子。

「慧欣剛剛是不是說她沒有講清楚，是因為她的時間不夠？」若是以我過去的聽話習性，早就打斷她了。常常在那個當下，我心裡會有一些不以為然，甚至已經露出「又說那些……」的不耐煩。但是我剛才讓慧欣把話講完，我覺察到自己並沒有強烈的批判，只是想著怎麼樣讓慧欣說完後，也可以聽得進去等一下我要回饋給她的。如果我剛剛帶著一種「她在找藉口」的觀感來聽，極有可能在心裡「啪！」的拍桌子，然後脫口：「不用講那麼多了。」然後就不會迎來後續慧欣的自覺。

我邀請現場團員們自己探討一下：跟哪一種「關係」，我們會很容易就說出：「不要講那麼多！」

月花：「家人、小孩。」

我：「是的！跟我們越親近的人，我們越會這樣，即使嘴巴沒有講『不要說那麼多啦』，我們的心其實已經嫌棄對方講那麼多。」

我：「那麼對方又是怎樣察覺到我們的心裡早已經存有『不要講那麼多了』的不

耐？」

月花：「不屑的表情。」

所以把這些通通都整理起來，我說：「不要犯這樣的毛病，就可以聽啦？」

其實，不只是在聽學生、聽我們家的孩子、聽我們的老公，特別是我們這個年紀的，長輩大概都七、八十歲了，越需要有這樣的態度聽我們的長輩說。我婆婆很喜歡跟我聊天，除了我很會撒嬌以外，我真的就是聽她說。我婆婆有五個媳婦，她最疼我，但我也不是一開始就這麼有耐心的聽，以前總會厭煩「婆婆講過了，怎麼又再講。」後來，我有了懺悔心，遇到她又再講，我都以好奇心，認真的把她每一次講的話，都當作「是她第一次講」一樣在聽，是真正在意我跟婆婆的對話關係。

我給團員的鼓勵是，「連宋老師這種『土虱（台語）』都有辦法調整，你們一定可以做得到。最後還是回到那一句話『你care嗎？』如果你真的在意『這一段』關係的話。」

接著，我再問大家：「在聽一個人說話的時候，我們為什麼會插嘴？」

婉媚：「因為他沒有同在，會很想給建議，所以那個連結就跑掉了。」

我：「所以有沒有以對方為中心？」

眾回：「沒有。」

我：「那是以誰為中心？」

眾回：「自己。」

淑花：「希望孩子聽我的，你講的是沒有用的，聽我的就對了。」

我：「很清楚的就看到，如果是這樣的發展，我們根本不用找孩子來說，直接就找他來罵就好了，罵到自己好爽就結束了。一旦要用對話，就真的要修練自己。所以，我才會一再強調：**意識會談，與其說是一種方法，其實更是一種態度**。」

借用以上團員講的「不要插嘴」「不要有不屑的表情」……我請大家記住了：遇到什麼樣的人、什麼樣的情況，自己會不想再講，就把「讓自己不想再講的那個人」的樣子整理出來，提醒自己不要表現出「那個人」的那些個樣子。

淑珍：「可是有時候會有時間壓力、還有效率的問題，就會直接幫對方做決定。想要幫孩子跟學生做決定，就沒有時間去傾聽他們了，不是嗎？」

我：「那也是一種抉擇。我要問的是，當我們幫對方做了決定之後，對方會不會感謝我們？如果會，那我們就幫他做決定，好比他都已經在大海裡面『浮沉』了，你不丟給他浮木，那怎麼行呢？這個時候，就得做決定：要丟浮木、還是丟救生圈、還是要去找消防員，我們得立即幫他做決定，而且之後，他會很感謝我們的決定。」

我：「但我猜你剛剛會問這個問題，恐怕是有踢過鐵板，你幫對方做了決定，人家卻不買帳。對嗎？」

淑珍：「就孩子啊，孩子才會不買帳，其他人還好啊？」

照恩笑著接話：「被迫買帳。」

我：「你們認為『其他人真的還好嗎？』」

淑珍：「是因為被社會化，不好意思反彈。」

我舉自己的例子：「這是我跟我女兒學習到很經典的心得。在她高中之前，我一直很挫折，也會憤怒。在外面，她是非常被稱讚的，對別人也都非常有禮貌，可是她回來對她的親媽就不是這樣。我常常會覺得很遺憾：妳有能力對別人這樣，為什麼不分一點對我。一直到了她念高中，朋友跟我說，家人是最親的，在最親的環境下，面具就拿掉了。於是，我轉換一個念頭，她在家裡不需要戴面具，所以我容許她有輕鬆的空間，我不要跟她計較，甚至於生氣。營造彼此有對話的時間和空間。」

我：「回到剛剛淑珍講的，外面的人還好，是因為外面的人戴著面具啊，他的心裡可能有很多OS『你到底是講完了沒？』只是不跟我們講實話而已。但是家裡的人就是因為跟我們很親，才會這樣跟我們講。」

我：「還是回來原點『我在意嗎？』『我care嗎？』我如果在意，那就從自己先調整起，如果幫他做了決定，他會很感謝，那當然就幫他做決定；但如果他不會感謝，又為什麼要幫他做決定呢？那不是挖了更大的溝通坑嗎？所以，這就是抉擇的修練，判斷是時間的壓力重要，還是我們跟他之間的關係更重要？」

我：「很多時候我們去幫對方做決定，是因為我們的掌控性。為什麼我們會有這個掌控性呢？因為我們很害怕，如果不是照我的方法做，不曉得會怎樣？也就是對那個未知的害怕。事實上，會怎樣都不知道，送大家一句話『今日的擔憂，消解不了明天的不幸，卻會帶走今天的快樂。』尤其『擔憂是詛咒』喔！很多時候，擔憂會讓我們陷在負能量裡，然後就發現『糟糕！』台語的『串驚串著』就發生了，意思是你越害怕的，它就越容易真的發生了，這就是莫非定律吧！」

淑珍：「如何在日常生活中練習『精準』的表達？」

我：「**永遠告訴自己『我沒有下一分鐘』『我就只有這一分鐘可以說了』。我是這樣練習出來的。當我的命就只有這一分鐘，我得趕快說重點啊！**」

我在帶領其他團體的學習，我會讓他們練習寫「照樣造句」。有些人在讚美別人時，永遠都只會講「你很棒」三個字，我要求學習者寫出二十個讚美的用詞。當我們能用的語彙多一些，就可以對「你好棒」這個景況有更到位的回應。

推薦完上述精進的方法，我問：「所以，要不要多讀書？」

袁枚說：「書到今生讀已遲」，有人詮釋「現在才讀書，已經來不及了。」但是，如果現在還不讀，下輩子不是更加來不及。多讀書是修練對話的方法之一，更重要是「要運用」。

即使離開學校之後，我仍不斷不斷地再學習，我每一天、每一個時刻，持續不斷地跟每一個人學習。

把每一個人都當一本書在讀。

教學困境探討

針對新竹市「特教共備趴」教學群老師在課堂中，試用四層次的提問進行教學後，所提出的問題，我一一回答：

問一：在提問時，會發現有些孩子非常踴躍回答，但有些孩子較被動回答，我會試著盡量讓每個孩子都有機會回答。請問在課堂中，老師怎麼去平衡學生的回答次數與參與度？怎樣可以讓對話進行得很順利，不會造成只有某些學生搶著回答，而某些學生不敢回答的情形？

答：首先針對不敢回答的學生來說，當出現「不敢回答」的情形時，請老師要多一分溫暖，我是漸漸學會看眼神，當學習較弱勢的學生，眼神是明亮的，我就趕緊讓他有機會回答。不然，我不會去點名他回答。這位老師說：「有些孩子就是被動地回答」，我認為「被動」，至少代表還有參與啊！可是，如果老師在課堂上是一言堂、唱獨角戲，我們可以想像一下在課堂上願意聽的孩子就更少了。

提問教學有一個很棒的好處，就是孩子是在類同的生活經驗和學習背景下回答，同儕刺激的學習就更大。但是，我們不要用孩子回答的次數去評量，整個教室看下來，孩子的專注度一定更凝聚，一定比起老師一個人的講述，專注度會更高。

老師要善用孩子給的答案來激勵孩子多發表。

問二：在提問時，有些孩子答非所問，或是故意說出個弄糟的答案，老師應該怎麼回應與引導？

答：提問教學，其實是在修練老師「不要被學生的答案激怒」的態度。如果老師已經設定好答案是什麼，老師就被自己綁住了；當孩子回答出來的，不是老師預期的答案時，老師很可能就會憤怒了。

四十年前的我，就是這樣的老師。漸漸的，我會回來檢討我自己：當孩子答非所問時，想想是不是自己的問題問得不夠精準。

至於老師還問到「有的孩子故意說出弄糟的答案」，這個情形我想把它稱為「譁眾取寵」，可以嗎？剛開始接觸這套方法時，我會責備學生是故意在搗蛋，後來年紀大了，慢慢修練說，他會譁眾取寵，代表他還參與在這課程中，自己就少了一些氣。

再遇到學生把答案弄糟糕，我會先評估他是譁眾取寵？還是「聽理解」有困難，我自己也學習怎麼設計出讓孩子有能力回答的問題。

問三：和孩子討論時，如果失焦了，該如何聚焦？還是繼續啟動其他思考？

答：當然隨時都要啟動孩子思考的引擎。我是覺得沒有什麼失焦啦！只要老師不要太堅持一定要怎麼樣的答案，都可以順著孩子的回答往下發展。不過，要小心，有些老師可能會隨著孩子的題外話往外「扯」，扯到回不了核心議題。以我自己的經驗，當遇到孩子拋出的話題，是值得延伸學習的，我就會評估是否把原先的課程進度先擱置，或我會跟孩子說你提出的想法很有深度，但現在我有趕課的時間壓力，我們下次再討論你這個話題，好不好？

我還是認為孩子願意回答，都不算失焦，可能他屬於跳躍式思考，老師千萬不要去責怪他。

問四：學過的東西可以留下，也許在心裡、也許在文字。孩子如果願意寫，可以讓學生寫出四層次問題的答案嗎？

答：很好呀！我退休前上的國語課，在教新的一課以前，我會讓孩子預習，通常會請孩子做三件事情：1．讀課文三遍，2．圈出新的生字，3．試著設計提問。我的學生長期被這樣的四層次提問教上來，每個孩子都有提問的能力，只是問題深度層次不同。每一個孩子提問完，我會幫他們打分數，給四分，代表問題設計很有深度，是可以廣泛討論的；給一分的，通常都是屬於記憶性的問題。很多孩子後來都可以設計到第三或四層次的問題，我會進一步要求孩子要把設計的問題述說得很精準，比如「要問什麼樣的經驗」，就要把那個「什麼樣的內容」表達得很清楚。我在一些老師的作業中看到的提問有的太籠統，對有特殊需求的孩子是更難以回答。

如果讓孩子從小練習自問自答，也教導他們問得清楚、答得明白，孩子就更會溝通對話了。

問五：想請教老師要如何在學生做錯事情時提問而非像質問？

答：提問是帶著好奇心「我很想知道你的說法是什麼」「雖然我已經耳聞了，但我很好奇當事者的想法」。質問就是直接把人找來，只是要他承認而已。

提問，常常需要跟孩子核對：「我聽到的是這樣，那你的想法呢？」或者告訴孩子：「我相信你現在說的這些，但我猜你也許還有一些沒跟我說，你要不要再多想一想，然後跟我說？」

我的經驗，孩子都會慢慢回想，我相信犯錯的孩子仍然有良知，在友善的環境下，都願意說。我們要用「核對」，而非「對質」，就是要承認自己也有可能弄錯了，核對的態度，才可以跟孩子建立友善的關係。

問六：「四層次提問」如果用在課文是記敘文體的內容，用起來非常順手，但若轉換成說明文或是應用文，該怎麼引導比較好呢？

答：一樣可以用四層次提問，第一層次是記憶性的問題，不論是說明文或者應用文都有得問，如：人時事地物。第二層次是覺受性的問題：讀完後有什麼心情？被哪一句話或哪一段打動了？第三層次：在讀課文時，你腦海中曾經出現過什麼類似的經驗？第四層次：針對本課的學習目標再進行更深度討論的提問。

「心」「術」並重的對話修練

教學，是一門科學，其實也是一門藝術。

和我一起學習「用四層次提問來建立對話關係」的朋友們列舉了許多對話困境，我能分享的「辦法」，簡而言之，就是回歸對話精神的「心術並重」，而且在日用平常中。

下列二十二道困境，有對話前的作業準備，有對話進行中的自我覺察和對所帶領團體回應氛圍的觀察。不管是哪一個切面的困境，我都很欣賞這些提問人的內省用功。除了要做足本書第二章介紹的「有效提問」，一旦上了台、約了人，就要把既定的提問設計先放下，回歸「以對方為中心」的對話精神，做好「接納的聽」「到位的應」，不要想著如何改變對方，而是要以「我聽懂了」來建立信賴的對話關係。

接下來，我將以自己曾經面臨過的境況來分享「也許」可以怎麼做。我的回答，僅供參考，絕對不能奉為圭臬，畢竟「生命是無法掌控的」，唯有我們真誠的願意聽，才能與對方同行。

帶領對話的22道陰影

以下這些困境，都是「已經」有許多帶領會談經驗的資深帶領人所提出的疑惑，如果讀者在閱讀時，暫時抓不到關鍵，先別急，返回第二章多讀幾回，當自己有了數次的實務帶領經驗，再來讀這幾道「問與答」，自然會心領神會，而且保證對話功力大增進大喜悅。

Q1、自己有情緒時，如何化解？

答：深呼吸，承認自己有情緒，誠懇的請對方給自己空間和時間來調整，先釐清自己情緒的由來。如果經常會因為對方的回應而被敲到所引發的情緒，就更該修練自己「全然接納」的傾聽能耐。

Q2、孩子不願對話，或退縮恐懼時，如何打開僵持的局面？

答：告訴孩子「我覺察到你此刻不想說，我願意等待。」然後，真的給孩子、也給自己時間和空間。千萬別霸王硬上弓，否則局面會更僵。

Q3、害怕對方給的答案是自己無法接受時，怎麼應對？

答：固然要認真設計提問，對話一旦展開，就要放下自己預設的答案，「全然接納」的聽，聽出對方的「心」。如果聽到的，是自己不以為然的答案，要開誠布公、但溫和的說明自己不能認同的緣由，絕對不要教訓對方。

Q4、無法感同身受時，如何接話？

答：無法感同身受，代表自己是帶著預設立場。就要修練自己「放空的聽」，不要急著輸入自己的想法，試著設身處地的與對方「同在」，學習「坐進」對方的處境。

Q5、技巧不熟練，可以怎麼快速精進？

答：就是不間斷的修練。提供一個自我精進的小技巧：請分身來評鑑本尊的表現，每一次帶領完，誠實的寫下「對自己的欣賞」「給自己下一次會更好的提醒」，在下一次上台前，閱讀複習幾遍。

Q6、心中有主題，要如何找到適合的素材？

答：多閱讀，不只閱讀書籍，也要閱讀時事，閱讀人物。再來就是多接觸大自然，提昇自己的敏銳度。

Q7、如何判斷素材的好壞？

答：不要選擇有對錯、好壞、黑白、高下等明顯「價值判斷」的素材，不然，可能一開場，就是一面倒的意識流，而失去了對話的豐富性。

Q8、如何設計會談的問題？

答：充分了解參與者的各項背景，如：年齡、學經歷、專長、喜惡等，在第二層次提問時，多留意用詞，並深聽團體的對話走向。

Q9、如何結構會談的內容？

答：提問設計的層次要清楚，也要對團體的溫度夠敏感，不要被自己原來設計的框架綁住，該轉彎時，靈活的轉彎，自在的隨著團體意識流發展。

Q10、素材內容短（一頁以內），以及素材內容多（一個章節），要如何設計與引導？

答：內容越短，越需要在第二層次的「翻譯」「映照」上下功夫，以免在第三層次時，各說各話。至於素材內容多，就該在第一層次多提問，協助參與者儘可能通透素材的客觀性，才不會在第二層次的覺受性提問時，萬馬奔騰，卻又方向不一的各自表述，讓生疏的帶領人不知如何是好。必要時，可以把素材拆成幾個段落，先進行一、二層次的會談，特別適用在一部電影或一本書的帶領討論時。

Q11、在帶領的過程中，如果成員對第一層次的資料沒有印象，或沒有閱讀時，引導人該怎麼辦？

答：在第一層次提問時多問些問題，當對大家在「消化素材」的程度有把握時，再轉進第二層次。如果在第二層次的覺受提問討論時，感覺團體回應較慢或分歧，可以回到第一層次的提問，再複習客觀素材。

Q12、如何從第一層次中抓到第二層次的點，並且無痕跡的引導下去（非照公式）？

答：需要有許多次的帶領經驗，才能「無痕跡」的引導。在邁向那個境界前，先學習「觀」自己是不是經常被自己設定的提問綁架了？或問自己是不是一個執著己見的人？

Q13、當成員對素材的認知面向多元，與我們原先準備或想引導的方向不同時，要如何處理（試圖引導到我們想要的方向，或照團隊想要討論的方向，但是如此可能會偏離我們原先想要帶給大家的用意）？

答：首先要界定：「意識會談的帶領」不等同「專業知識的教授」。帶領人如果選擇意識會談法，在準備時，就必須充分了解成員的學習經驗和能力背景，以一種「邀約分享」的心態來和成員輕鬆聊，並且相信團體會有他們自己的意識軸，帶領人只要扮演「催化劑」，鼓勵成員踴躍發言，肯定成員對團體的貢獻，自然就會有「全員參與的全面性問題解決方案」呈顯出來。帶領人不可以想要引導團體走向成員不想去的議題。

Q14、若原本想要帶的主題很重要，或是討論離題時，如何巧妙地引導團隊回到主題上？

答：說到「巧妙」，那也是需要許多帶領經驗的累積才能得到的效能。要留意的是：為什麼會離題？是原先設定的主題，只是帶領人，或說領導者一廂情願的自以為是很重要的，而完全不理會成員們的念頭。如果是這樣的領導人，不要藉口「民主」而選用意識會談法，乾脆白紙黑字，直接下達命令就好了。如果是因為經驗不足，在傾聽成員給的答案時，自己的回應卻偏離了主題，那就要繼續不斷的修練「到位的聆聽和回應」。

Q15、如果現場的回應冷淡，要如何刺激回應量，或者激發團隊動力？

答：現場回應冷淡，有幾個關鍵原因：議題不受歡迎、引起動機的暖場技巧不討好、帶領人的魅力或誠懇度不夠，有需要事前多做功課，也有需要在個人的修養上提升。

Q16、在第三層次，面對成員不願意分享時該怎麼辦？面對成員過度熱情分享時，又該怎麼辦？

答：寧可過度熱情，而不要冷場。如果是過度，要找好的時機點，比如分享人換氣、呼吸、停頓時，溫柔的告之「再給您兩分鐘」，如果是沒什麼回應的冷場，請參酌上一題的建議。

Q17、「意識會談」帶領的深度與時間的掌控，如何恰到好處？

答：一般，我會抓在四十分鐘上下。雖然說第四層次的靈光爆破，可遇不可求，但是，如果帶領人十分的被團體成員喜歡、信賴，甚至崇拜，帶領的深度會讓團體很有共鳴。

Q18、當問出去的問題，學員答不出來，如何轉換成更多不同角度的問題來提問，這個部分的能力如何養成？

答：在初學設計問題時，就要練習對每個問題都能「換句話說」。要用現場參與者聽得懂的方式來問問題。

Q19、在學員不習慣（不敢）發言的公司、場合，該如何引導學員發言？

答：「不習慣」和「不敢」是不同的帶領挑戰。如果是不習慣，就別勉強，當成員對這樣的團體會談有安全感，就會發言。如果是不敢，就更要營造團體間的信賴度。有時候，我會邀請單位主管或長官等領導人在開場時簡短說話，再帶著團體對領導人給出欣賞的回應，藉以拉近上下距離；有時候，我會直接請領導人不要列席，會談後，再就事論事的回報領導人「我的發現」，也聽聽領導人的想法。

Q20、在人數較多的場合（五十人以上），在活動或課程後要帶會談，經常時間會被壓縮（例如從五十分鐘縮成十五分鐘的時候），可以如何調整帶領的方式，確保會談的效果不打折？

答：人數多，只要確定聲音夠清楚，問題不大。如果是時間忽然被壓縮，就只要提問第一和第二層次的問題，目的在增加台上台下的互動，然後說一個自己被感動的點，來激勵大家要「踐行」剛剛課程的主要目標。

Q21、若以讀書會帶領來說，一本書的內容很多，要熟悉第一層次的內容會花很長時間，沒有熟悉素材就往下走，學員感受性的問題出不來或沒有共鳴，目前只能是分段、分章節的帶。老師有更好的建議嗎？

答：對！就是分段、分章節的帶。

Q22、點化、深化、轉化當中，轉化的切入點，該怎麼轉？如何拿捏會較恰當？

答：這「三化」，還真是需要好多好多的經驗累積呢！不過多觀摩，也精進自己「深聽」的功夫，不失為快速進步的好方法。

能提出這二十二個困境，我絕對相信都已經是帶領會談的箇中好手。我想把這些困境比喻為：帶領對話的二十二道陰影，實在是每一個初學者都會遇到的挑戰與瓶頸。許多道陰影，如果能提出「真實情境」（如：成員特質、組織特色、問題景況、帶領者當下情緒等）才能進行比較切合對症下藥的問與答。

請牢記：對話不僅要有耐心，更要有暖心的時刻。修練「對事不對人」的三顆心：

第一顆心，請用好奇心來提問，而不是帶著你的預設立場，挖一個坑讓對方（孩子）掉進來。不是要讓對方上當，而是以非常開放的好奇心來提問：我好奇對方到底會說什麼。

第二顆心，用接納心來傾聽。對方說什麼都OK。這個OK，沒有所謂的對錯好壞，我就是願意聽嘛！我就是想聽一聽對方的想法是什麼。當然在聽的過程裡面，我們仍舊要回到我到底要傳給對方的正面知識或是所謂的「善知識」是什麼。最重要的是不要批評或責怪對方。

第三顆心，叫做祝福心。我們怎麼說會讓這件事情是更圓滿的，那個就叫做用祝福心來回應，當然我們最終要把決定的權利還給對方。

如果以團體討論的對話教學來看，在這樣的討論過程裡，孩子（學習者）會得到更多、更周延的訊息，更棒的是他不會只聽到老師（講者）的一言堂。

容我再提醒：**「四層次提問」的意識會談對話，說是「方法」，其實更是「態度」，一種可以和自己對話、也可以和他人對話、更可以和無常對話的寬「融」態度**。

最終，一定要「心術並重」，才可以讓對話「有效也有笑」。

放下自己的想要，看見對方的需要

要建立信賴的對話關係，首要努力的是「放下自己的想要，看見對方的需要。」

但是，我們經常是「看得破，忍不過；想得到，做不來！」所以，要時時檢視自己：「是榮耀對方？還是炫耀自己？」並且隨時自我提問：「我真的在激勵、扶持、關懷眾生嗎？」

尤其是「與孩子對話」時，要先認識自己的情緒，了解孩子的需求，學著陪伴，永不放棄，肯定孩子的自主，不要急著想看到孩子的現況立即有改觀，多給彼此空間和機會去澄清，多一些自覺的找回初衷，坦誠面對、承認，並善解人意。

如果覺察到對話卡住了，可以先離開現場，冷靜一下，想辦法回到夢想找出路。要記得：「生氣沒有傷到別人，卻先傷到自己。」接納已經發生的，不抱怨，向前看！必要的時候，懂得尋找資源，找人說出來。

師生關係遇到無法繼續對話時，要懂得聆聽、轉化，設身處地問自己：「如果那

是我的孩子呢？」然後，就可以用單純的真心，愛別人的孩子。

誠然，情不重，不生娑婆；愛不深，不墮輪迴。所以，更要「用三心，與孩子對話。」

後記

這本書一起頭，就點出：人的一生，無時無刻不在對話關係中。與自己對話，與他人對話，與無常對話。

在整理這本書的緊要關鍵時刻，遇到新冠肺炎（COVID-19）的疫情干擾，也正檢視著這一本書所要分享「與自己、與他人、與無常對話之用心」的價值。果然對話無時無處不在，一不留神，就會忘失了：要用「三心」來對話。

能走完這本書編輯的最後一哩路，要感謝許許多多的貴人相助：

六位賜給我推薦序的師長好友，都是在百忙之中為我提筆，也對這本書有真心的推薦；謝謝宜蘭縣私立達文西幼兒園和臺北市力行國小開放幼兒與學童參與對話教學的觀摩，讓文章有更貼近日常的敘述；謝謝總是讓我能夠隨傳隨到的客廳讀書會會友林國賓老師精準地為我整理適合分享的教學手記；謝謝靈鷲山教團常存法師和恆明法師在春安居出關後，忙於諸多執事工作下，費心為〈緬甸篇〉審稿；謝謝ACC阿彌陀佛關懷中心史瓦院區柯雅玲院長在非洲疫情繁忙之際，為〈非洲篇〉的文字與照片把關；謝謝宜蘭縣竹林國小「讓愛傳出去」主題教學團隊們的擁護，才有跨學年、跨領域的〈主題教學篇〉；謝謝老朋友廖誠麟老師契而不捨的督促，讓〈論語篇〉更順暢；謝謝共學「四層次提問」對話方法多年的黃心怡、劉晏谷、張力仁三位同修及全球心寧靜教師團團員、新竹市特教共備趴成員，提供許多他們學習後運用的困惑，豐富了這本書的〈問與答〉；謝謝已經是我第四本出版品的高級校對兄長王東江和王捷西兩位婆家哥哥的相挺；在我正愁著找不到多年前原始檔案照片的時刻，忽然在我的臉書上出現的一位攝影達人，免費為我調升了檔案的清晰度；謝謝二十年來與我結師生緣的孩子們！你們當年純真的作業文字，讓這本書的親民性更高。當然支持我推行對話教學的學生家長們，更是功不可沒。

我心中隨時感謝著的是這本書的主編。從上一本《當怪獸家長遇見機車老師》的合作後，我全然的相信這位主編可以把我淩亂的文稿整理成很有脈絡的讀品。合十感謝雪如主編的寬容。

想要感謝的人事物很多，因緣俱足促成了這本書，其實我還想感謝的是讀者的支持。當您能讀到這篇〈後記〉，代表您手上正捧著這本書，意味著我想傳達的「用心，與孩子對話」的理念有機會推廣給更多大眾。

書上多次提到「提問比給答案重要」「態度比方法更關鍵」，容我再一次提醒：「用心對話」需要不斷的練習，才能夠自在、自然的與自己、與他人、與無常的任何對應中，隨時「活用出來」。祝福讀者們在所有連結的對話關係，都更加有溫度。

親子館 A5051

用心，與孩子對話

用「好奇心」提問，用「接納心」傾聽，用「祝福心」回應

・作　　者　宋慧慈
・校　　對　王東江、王捷西
・特約編輯　陳琡分
・封面設計　萬勝安
・內頁排版　A.J.
・行銷企畫　沈嘉悅
・副總編輯　鄭雪如

・發 行 人　王榮文
・出版發行　遠流出版事業股份有限公司
104 臺北市中山北路一段 11 號 13 樓
電話 (02)2571-0297
傳真 (02)2571-0197
郵撥 0189456-1

著作權顧問　蕭雄淋律師

2020 年 6 月 1 日 初版一刷
2023 年 8 月 1 日 初版三刷
售價新台幣 350 元（如有缺頁或破損，請寄回更換）

ISBN 978-957-32-8752-0

遠流博識網 www.ylib.com　E-mail: ylib@ylib.com
遠流粉絲團 www.facebook.com/ylibfans

國家圖書館出版品預行編目 (CIP) 資料

用心，與孩子對話：用「好奇心」提問，用「接納心」傾聽，用「祝福心」回應 /
宋慧慈著. -- 初版. -- 臺北市：遠流，2020.06
336 面；23×17 公分. -- (親子館；A5051)
ISBN 978-957-32-8752-0(平裝)
1. 思考能力教學 2. 學習心理學 3. 教學法

521.426　　109003724